Invitation
à la sérénité du cœur

Anselm Grün

Invitation à la sérénité du cœur

Traduit de l'allemand
par Christiane Lanfranchi-Veyret
et Gabriel Raphaël Veyret

Albin Michel

Albin Michel
■ *Spiritualités* ■

*Ouvrage publié sous la direction
de Jean Mouttapa*

Titre original :

HERZENSRUHE
IM EINKLANG MIT SICH SELBER SEIN

www.albin-michel.fr

ISBN 2-226-13162-0

INTRODUCTION

Ne pas fuir son ombre

Un homme avait peur de l'ombre de son corps et avait pris en horreur les traces de ses pas. Pour y échapper, il se mit à courir. Or, plus il fit de pas, plus il laissa de traces ; plus il courut vite, moins son ombre le quitta. S'imaginant qu'il allait encore trop lentement, il ne cessa de courir toujours plus vite, sans se reposer. À bout de forces, il mourut. Il ne savait pas que pour supprimer son ombre il lui aurait suffi de se mettre à l'ombre et que pour arrêter ses traces il lui aurait suffi de se tenir tranquille. Quel comble de sottise !

Beaucoup d'hommes, aujourd'hui, n'ont pas non plus l'idée toute simple de s'asseoir à l'ombre d'un arbre. Ils préfèrent se fuir comme le fait ce personnage de l'histoire de Tchouang-tseu[1]. Pourtant, celui qui fuit son ombre court à sa perte. Il ne trouve jamais la sérénité. Ces contemporains qui ne veulent pas regarder en face leur part d'ombre vont droit à la mort. En fuyant leur ombre, ils s'installent dans une intranquillité qui se traduit par des problèmes cardiaques. Ce n'est pas pour rien si les maladies du cœur sont actuellement une des principales causes de décès. Si le cœur ne trouve pas la tranquillité, il s'épuise et, au bout d'un moment, finit par défaillir. Ce sont surtout les hommes qui sont victimes des maladies cardiaques. Même ceux qui ont un cœur en bonne santé craignent que leur cœur ne lâche. Les problèmes cardiaques sont souvent liés à la peur : on fuit quelque chose. Le cœur symbolise avant tout les sentiments. Ce sont souvent des émotions refoulées, tels l'amour ou la haine, qui sont à l'origine des problèmes cardiaques. Chez l'un ce sera un dérèglement du rythme du cœur, chez l'autre une crise cardiaque. Parce que nous fuyons nos émotions, notre cœur nous rappelle à l'ordre et nous contraint de nous occuper de lui. On parle même de « névrose du cœur » pour ceux qui sont obsédés par la crainte que leur cœur ne lâche. Les malades du cœur donnent souvent l'impression d'être crispés, ils ressemblent au personnage de Tchouang-tseu. Ils ne savent pas se reposer et jouir de la vie. Ils ne savent pas s'asseoir à l'ombre d'un arbre. Cela ressemble à la maladie typique du manager : il a toujours quelque chose d'important à faire et s'occuper de son ombre relèverait de l'enfantillage ! Aussi préfère-t-il se plaindre de problèmes cardiaques.

Le chemin qui mène à la sérénité du cœur, tel qu'il a été décrit notamment par les moines des premiers siècles, garde toute son actualité car l'intranquillité est devenue une maladie de notre époque. Nombreux sont ceux qui se plaignent de ne pas trouver le calme. Pour les moines, il ne suffisait pas de travailler moins pour accéder à la tranquillité. Trouver cette sérénité suppose un long chemin qui, passant par une connaissance approfondie de soi, conduit à Dieu, là seulement où, selon Augustin, il est possible de trouver le repos. Chemin exigeant et en même temps engageant parce qu'il nous promet d'accéder, dès maintenant dans ce monde agité, au sabbat[2] divin.

J'aimerais, dans ce livre, revenir à l'expérience des premiers moines, non seulement parce que je me nourris moi-même de cette tradition, mais aussi parce que je crois que ces moines sont des maîtres de vie pour notre époque. Je me réfère d'abord à Évagre le Pontique (345-399)[3], moine oriental qui a laissé d'importants écrits, et à Jean Cassien (vers 360-430/435)[4] qui se retira dans le désert égyptien, afin de rendre accessible aux Occidentaux que nous sommes cette expérience monastique. Je puise également dans la *Règle* de saint Benoît (vers 480-547)[5], règle selon laquelle je vis moi-même et qui est devenue également pour beaucoup de laïcs un guide de vie. Le point d'appui des moines a toujours été l'Écriture sainte. Je méditerai donc les paroles de l'Écriture qui nous promettent la sérénité du cœur. De toute évidence, Jésus a lui-même perçu la détresse des hommes angoissés et il les a invités à trouver en lui le repos et la sérénité.

Ces derniers temps, j'ai pu observer dans mon activité pastorale cette absence de sérénité chez beaucoup de personnes. C'est toujours la même plainte : « Je ne peux trouver le repos ! Trop de soucis me perturbent, y compris la nuit ; je m'inquiète pour mes enfants qui ont des problèmes psychologiques, qui ont choisi une voie différente de celle que j'envisageais pour eux. » Sans compter les soucis d'argent et le chômage, causes d'insomnie. Un chômeur craint de ne plus pouvoir nourrir sa famille ou payer les crédits souscrits pour la maison. Mais il y a aussi les soucis que chacun se fait quotidiennement à propos de ce que pensent les autres : « Ai-je bien agi ? N'ai-je choqué personne par mon comportement ? » On rumine ainsi jusqu'à s'en rendre malade. Une femme entre par exemple dans un magasin où la vendeuse n'est pas particulièrement aimable : elle pense être la cause de cette agressivité alors que la vendeuse a peut-être tout simplement mal dormi. Toute la journée elle réfléchit à ce qui a bien pu choquer la vendeuse, à ce que cette dernière pense d'elle, elle se demande si elle ne s'est pas ridiculisée ou si elle a mal agi. Elle téléphone à une amie pour lui raconter sa mésaventure. Et déjà, ce minuscule incident, sans cause réelle si ce n'est le souci de sa bonne réputation, occupe toutes les pensées de cette femme.

Ce sont avant tout ceux qui occupent des postes à responsabilité qui se plaignent de ne pouvoir accéder à la sérénité. On exige sans cesse quelque chose d'eux. Ils s'interrogent pour savoir s'ils ont pris la bonne décision et si elle sera utile pour l'entreprise. Aspirant au repos quand ils rentrent le soir, ils ne le trouvent pas car ils ne peuvent pas se « débrancher ». Ils partent en vacances sans pour autant trouver le calme. Ils sont constamment rongés par leur conscience, se demandant s'ils ont bien ou mal agi et envisageant toutes les conséquences que cela pourrait avoir pour eux. Ils reviennent de congés stressés, tendus et reprennent le traintrain habituel. Il arrive un moment où, épuisés, ils craquent.

Pour d'autres, c'est la peur du désœuvrement qui est cause d'anxiété. Dans le calme et la sérénité, ils craignent de faire face à leur propre vérité. Si je n'ai rien à quoi me raccrocher, c'est toutes les déceptions de ma vie qui peuvent remonter à la surface. Je risque de découvrir alors que rien ne va plus dans mon existence et que mon engagement envers les autres est vain. Je continue à avancer dans le seul but de me cacher mon propre désespoir. Mais je ne crois plus que ce que je fais ait un sens : tout devient vide et c'est ce vide que je fuis. Ma conscience pourrait aussi se rappeler à moi et laisser remonter des sentiments de culpabilité : par crainte, je fuis le calme et la tranquillité. Le pire qui pourrait m'arriver serait de rencontrer ma propre vérité ! Puisque c'est ce que je veux éviter à tout prix, il faut que je m'occupe en permanence. Ainsi, même le temps libre devient cause de stress et je le comble par d'innombrables activités. Les personnes qui refusent de regarder leur vérité en face se fuient elles-mêmes. Elles se plaignent ainsi d'un stress qu'elles provoquent elles-mêmes. Elles ne peuvent accéder au calme parce qu'au fond de leur cœur elles ne le veulent pas vraiment : une peur, profondément ancrée, les agite en permanence.

Malgré cette incapacité à trouver le calme, l'homme d'aujourd'hui aspire à « décrocher ». Les cours qui promettent l'accès au repos intérieur font salle comble. On attend des méthodes psychologiques ou des techniques de relaxation de pouvoir trouver ce calme auquel on aspire. Pourtant, ce calme ne peut provenir de techniques car il est le résultat d'un chemin spirituel. Les moines des premiers siècles avaient pour but de conduire l'homme au repos en Dieu. *Hesychia* a été le mot clé du monachisme primitif : une école de spiritualité en est même sortie, appelée « hésychasme » à partir du IIIe siècle : chemin vers la paix intérieure[6]. Ce calme, cette paix ne sont pas ceux que l'on trouve dans les brumes de l'alcool, dans le sommeil de l'ivresse, qui sont plutôt renoncement à la réalité. Le calme des moines est celui où le cœur accède à la paix, où la peur cesse, où l'on se régénère et se ressource. Ce calme est, au bout du compte, l'expérience du repos sabbatique que Dieu nous a réservé. Celui qui ressent la présence de Dieu dans la prière et la méditation trouvera la paix en lui et autour de lui. Il se retrouvera et vivra en harmonie avec lui-même. Le chemin spirituel des moines est en même temps thérapeutique. La sagesse contenue dans leurs conseils est aujourd'hui redécouverte par nombre de psychologues. Ce chemin retrouve toute son actualité pour peu qu'on traduise cette sagesse dans le langage d'aujourd'hui.

Ce livre voudrait inviter ses lecteurs à s'asseoir à l'ombre de l'arbre que Dieu lui-même nous a donné. Dieu nous convie à nous « abriter au couvert de ses ailes[7] » (Psaume 61, 5). Il est le rocher à l'ombre duquel nous trouvons la paix. Dans la sécurité de l'amour divin, nous sommes capables de supporter sans crainte notre ombre. Le « couvert de ses ailes » enlève à notre ombre tout ce qu'elle peut avoir de menaçant. S'abriter en Dieu, trouver en Dieu sa maison et son repos, représente dans le monde agité d'aujourd'hui une promesse qui mérite qu'on s'y attache.

PREMIÈRE PARTIE

Les causes actuelles de l'intranquillité

POURQUOI les hommes d'aujourd'hui sont-ils si inquiets ? À cette question, nous pouvons trouver plusieurs réponses. Cette inquiétude a des causes externes : la situation économique, le contexte social. Elle a aussi des causes psychologiques. Les psychologues parlent de névrose d'angoisse. Parfois, l'intranquillité de l'être s'explique par l'histoire personnelle, par des expériences traumatiques. Mais il existe aussi une intranquillité maladive que seul un médecin ou un psychiatre est à même de traiter. Je n'entrerai pas ici dans une analyse détaillée de notre époque car cela dépasse mes compétences. Je voudrais seulement présenter quelques observations et réflexions, à partir de mon expérience, sur les causes de cette incapacité à trouver la paix. Pour cela je ne m'appuierai pas sur des études mais sur les entretiens que j'ai pu avoir en marge de mes séminaires.

J'espère pourtant que cette perspective, bien que limitée, rendra clairs quelques phénomènes caractéristiques de notre époque.

1.

Le contexte social et économique

NOMBREUX sont ceux qui souffrent aujourd'hui de la pression économique. Et, en tout premier lieu, ceux qui exercent des responsabilités dans les entreprises. La concurrence devient, en cette époque de globalisation, de plus en plus dure. Le chef d'entreprise ne peut rester confortablement assis dans son fauteuil, il doit être constamment sur ses gardes afin de ne pas perdre des parts de marché, d'équilibrer ses bilans et de réagir rapidement à de nouvelles demandes. Les besoins changent à une telle vitesse qu'une entreprise ne peut vivre sur ses succès passés. Elle doit en permanence explorer de nouvelles voies pour se maintenir. Les nombreuses conférences et réunions, qui imposent aux managers des déplacements multiples, manquent de perspective : seul compte aujourd'hui le succès immédiat, sans que soient prises en compte les conséquences pour la Création et pour les hommes qui travaillent dans ces entreprises. De la même façon, les séminaires d'encadrement ne misent que sur le court terme. Cela conduit à une restructuration permanente de l'entreprise, à un changement incessant de fonctions pour les salariés et à une obligation constante de formation. À force de restructuration, les hommes ne peuvent plus travailler dans le calme. Le succès à court terme se paie par une insatisfaction des salariés et par leur exploitation physique et psychique. L'inquiétude des responsables se répercute dans toute l'entreprise sous la forme d'une atmosphère stressante. La pression se transmet des cadres aux employés. Souvent, cette pression n'exprime que l'état désemparé dans lequel se trouvent les dirigeants. L'activisme n'est qu'une solution illusoire. On croit ainsi donner une réponse appropriée aux problèmes de notre temps mais, comme on manque du calme nécessaire pour trouver de véritables solutions, on provoque chez les salariés une anxiété toujours plus grande. Nous sommes de moins en moins nombreux à échapper encore à ce cercle vicieux du stress.

À cela s'ajoute la mobilité caractéristique de la société actuelle. Celui qui veut trouver du travail doit accepter la flexibilité et la mobilité, il doit être prêt à déménager souvent. Il ne peut ainsi s'enraciner nulle part et nulle part trouver la paix. Il suffit d'observer la circulation sur les autoroutes pour comprendre ce qu'est l'intranquillité de notre société ! À la mobilité exigée par le travail s'ajoute le besoin de partir en toutes circonstances. En effet, beaucoup ne passent pas leur temps libre chez eux, il leur faut se « mettre au vert » ou s'envoler pour des régions lointaines. Ce n'est pas le repos qui caractérise ces vacances mais bien plutôt le stress. L'animateur maintient les vacanciers sous pression, les « préservant » de se retrouver face à eux-mêmes. Un tel « loisir » dégénère en constante agitation. Les vacanciers rentrent à la maison stressés et le peu de repos qu'ils auraient pu rapporter avec eux se dissipe dans les embouteillages qu'ils rencontrent sur l'autoroute du retour.

Activisme et absence de but

Si je marche dans une rue piétonne de Munich, je ne vois que des gens affairés. Ils se hâtent d'un magasin à l'autre et même les touristes semblent stressés. Mark Twain pensait déjà que l'activisme de son époque était l'expression d'une absence de but et d'orientation : « Lorsqu'ils perdirent de vue leur but, ils redoublèrent d'efforts. » Celui qui a un but devant les yeux maintient le cap sans se presser. Celui qui ne connaît plus son objectif essaie de remplir par l'activisme ce vide intérieur. Il se sent important parce qu'il a beaucoup à faire. Il veut se prouver que sa vie a un sens. Occupé en permanence, son activité, à y regarder de plus près, semble bien vaine. Elle ne lui sert qu'à masquer le vide qui, derrière son stress, le menace dangereusement. Paul Virilio a traduit cette expérience par ces mots : « La vitesse suscite le vide et le vide provoque la hâte. » Plus quelqu'un est affairé et plus le vide s'empare de lui, plus il tente de combler ce vide par des activités stressantes. Ainsi se forme un cercle vicieux duquel il ne peut s'échapper. Ce cercle est caractéristique de notre époque. La politique, par exemple, donne parfois l'impression d'avoir perdu de vue tout objectif et paraît se contenter de présenter chaque jour de nouvelles solutions.

Ce manque de but et d'orientation se retrouve aussi dans nos loisirs. Au lieu d'utiliser ce temps à admirer de vieilles églises ou de beaux paysages, nous l'abandonnons à de « gentils organisateurs ». Nous sommes trimballés de curiosité en curiosité. Les animateurs ont pour tâche d'occuper en permanence les vacanciers. Le verbe allemand *hetzen* (poursuivre, harceler, précipiter) a la même racine que le verbe *hassen* (haïr)[8].

Il y a donc dans ce « harcèlement », cette « précipitation » quelque chose qui relève de la « haine ». Des vacances de ce type n'ont rien de philanthropique mais sont, au contraire, l'expression d'une haine profonde pour l'être humain dans laquelle baignent vacanciers et organisateurs. Moins nous avons de but et plus nous nous entraînons les uns les autres dans une précipitation sans fin qui nous empêche de jouir de l'instant. Le mot allemand *Urlaub*, « congé », vient de *erlauben*, « permettre ». En congé, nous devrions donc nous « permettre » l'oisiveté qui est tout le contraire de la précipitation caractéristique des vacances organisées. L'oisiveté, c'est s'accorder à l'être, s'immerger dans la réalité, être là sans pression et sans devoir d'occupation.

Le philosophe Pascal Bruckner a caractérisé l'homme moderne comme un « désœuvré hyperactif, toujours en alerte, lancé à l'assaut de la Babylone du divertissement[9] ». Autrefois, l'oisiveté était le privilège des gens fortunés, aujourd'hui il semble que « le travail risque de devenir le dernier refuge de l'élite[10] ». Le calme absolu n'apparaît pas aujourd'hui comme enviable mais plutôt comme une punition. Le loisir n'est pas « cette paix essentielle des profondeurs de l'être » qu'exalte Paul Valéry[11], il est plutôt l'impossibilité de ne rien faire. « Partout la hâte, la presse, l'alarme au service des plus grandes futilités : à la télévision, la tyrannie de l'horloge, commandée par des impératifs publicitaires [...]. Jusque dans ses moments de détente l'homme moderne reste "un travailleur sans travail" (Hannah Arendt)[12]. » Il devient un oisif stressé incapable d'abandonner son stress et de jouir du repos. Ce n'est pas l'aspiration au calme qui caractérise l'industrie moderne des loisirs mais la fuite devant le repos par l'activité. Pascal Bruckner voit encore dans les loisirs modernes « l'art de brasser du vent travesti en surmenage ». Kurt Tucholsky écrivait déjà que notre époque avait inventé le « désœuvré agité ». C'est bien ce dernier qui caractérise l'industrie actuelle du loisir.

Démesure

Une cause majeure du stress contemporain est la démesure qui règne partout. Elle se trouve dans la publicité qui nous pousse à acheter toujours plus, à essayer tout ce qui est nouveau. Elle s'adresse à nos besoins illimités, à notre désir d'un bonheur éternel, d'une satisfaction immédiate, à notre aspiration à la protection et à la réussite. La démesure de la publicité montre l'image d'un homme qui peut tout, qui maîtrise tout et qui ne connaît pas de limite. Cet homme de la démesure est bouffi d'orgueil. Carl Gustav Jung parle à ce propos d'inflation[13]. Il entend par là l'homme qui ne reconnaît pas la limite, qui pense que tout est possible. Il s'inquiète dès qu'il rencontre une limite. Il tente de l'éviter en donnant satisfaction à ses besoins illimités. Mais aussitôt qu'un besoin est satisfait, un autre s'impose : cet homme ne trouve ainsi jamais le repos.

La démesure détermine aussi notre façon de produire. Nous produisons toujours plus, sans nous interroger sur le sens de cette tendance. Nous conduisons de plus en plus vite et nous avons toujours plus de choses à faire. Nous partons toujours plus loin et nous achetons des voitures toujours plus chères. Beaucoup se soumettent à cette contrainte. Ils ne savent pas profiter de ce qu'ils ont. Parce qu'ils ont perdu leur centre, parce qu'ils ont oublié leur mesure, ils ne peuvent que se mesurer aux autres. Ils doivent s'en sortir mieux que les autres. Ils se laissent déterminer par les besoins de ces derniers au lieu d'accepter la mesure qui leur est propre. Seul un être mesuré peut trouver le repos et renoncer aux besoins qui lui sont imposés de l'extérieur.

Le bruit, ennemi du silence

Même l'homme qui aspire au repos est aujourd'hui empêché de jouir du silence. Son environnement est entièrement soumis au bruit : circulation, travail, médias. Il arrive souvent, en été, que nous entendions en même temps, provenant de différentes maisons, plusieurs chaînes de télévision et de radio. Les habitants proches d'un carrefour sont souvent assaillis par le bruit de la circulation, même fenêtres fermées. Certaines personnes aiment travailler dans le calme mais leurs collègues, que ce soit au bureau ou sur un chantier, les en empêchent. Et à la fatigue du travail s'ajoute alors celle due au flot des paroles entendues tout au long de la journée. Nombreux sont ceux qui ne supportent pas le silence et qui empêchent les autres d'en jouir. C'est ainsi, par exemple, que celui qui voudrait faire une promenade silencieuse est dérangé par le discours incessant de celui qui l'accompagne et ne peut même pas admirer le paysage. On a tout le temps des occupations futiles. D'aucuns allument la télévision ou la radio dès qu'ils rentrent à la maison après leur travail. Ce besoin d'un fond sonore cache leur incapacité à être seuls avec eux-mêmes et à parvenir au calme.

Stress et haine de soi

Outre le bruit, l'agitation nous empêche aussi de parvenir au calme. J'entends toujours les gens se plaindre de vivre dans une époque trépidante, ils trouvent que le stress dans leur vie professionnelle, dans leur famille, dans leur environnement ne cesse d'augmenter. Une telle situation est souvent décrite par le mot de « fébrilité », mot emprunté au vocabulaire médical, marquant ainsi que nous souffrons aujourd'hui de maladie chronique[14]. Beaucoup se plaignent du stress qu'ils subissent dans leur travail où tout est planifié, de la précipitation dans laquelle ils sont entraînés sans le vouloir. Comme nous l'avons déjà vu plus haut, la « précipitation », le « harcèlement » ont à voir avec la « haine ». Les gens stressés sont sous pression et confrontés en permanence à l'agressivité. Notre vie, aujourd'hui, est caractérisée par cette atmosphère fondamentalement agressive. Nous ne nous autorisons plus à nous reposer et à profiter de la vie. Le patron nous pousse à travailler mais lui-même est poussé par ses concurrents ou par son ambition personnelle qui ne lui laisse pas de repos. Le stress est lié à la haine, haine des autres à qui on n'accorde pas le droit de vivre tranquillement en leur imposant des performances et des rythmes toujours plus intenses ; haine de soi parce qu'on s'en veut, parce qu'on se hait et qu'ainsi on déteste la vie. On gémit sur les exigences imposées de l'extérieur, mais en fait on se soumet soi-même à cette pression. À y regarder de plus près, si on se soumet ainsi c'est parce qu'on ne s'accepte pas tel que l'on est. On ne s'aime pas et l'on exige plus de soi-même dans l'espoir de pouvoir enfin s'aimer. Mais cet espoir est vain car la haine et le stress sont démesurément grands.

L'agitation et la précipitation ne permettent pourtant pas d'atteindre les résultats escomptés. Au contraire, plus on est stressé et plus on commet d'erreurs, plus on reste aveugle aux véritables solutions. Le stress nuit au travail efficace. Il mène à des solutions à court terme et à des résultats insatisfaisants. Si je fabrique une table en état de stress, elle ne résistera pas aussi longtemps que si je mets tout le soin nécessaire à sa confection et j'en éprouverai moins de plaisir. Si je fais une tâche après l'autre, je serai plus efficace que si j'entreprends plusieurs choses en même temps tout en passant d'une réunion à une autre, tel un animal traqué. Des cadres d'entreprise me parlent souvent de l'insatisfaction que leur cause ce stress. Ils se rendent compte eux-mêmes de la vanité de toute cette agitation. Mais il leur manque la paix intérieure qui leur permettrait d'éviter le stress. Vivant dans une fébrilité toujours plus grande, ils craignent d'être exclus du « club des gagneurs » s'ils lâchent prise. Car, à notre époque, il semble de la première importance d'en faire partie. Être un cadre stressé est une image de marque que l'on a du mal à abandonner, bien qu'elle soit source de souffrance, parfois jusqu'à l'effondrement.

Il semblerait qu'aujourd'hui nous n'ayons plus la patience de regarder les choses grandir. Nous attendons des résultats immédiats et la satisfaction sans délai de nos besoins. Nous ne nous accordons plus le temps de regarder croître les arbres ou les fleurs. Dans les entreprises, nous brassons beaucoup d'air mais rien de consistant, de durable, n'y « pousse ». La même impatience se retrouve en ce qui concerne l'éducation des enfants. Nous ne leur laissons pas le temps de traverser les crises : nous paniquons aussitôt et nous avons hâte d'en venir à bout. En politique, c'est le court terme qui domine. Chaque jour, de nouvelles solutions succèdent aux précédentes. Plus ils recherchent l'immédiateté des solutions, plus les partis politiques sont paralysés dans leur action. Le stress, la précipitation débouchent sur le vide.

Celui qui travaille dans le stress est moins productif que celui qui travaille dans la sérénité. C'était le cas, par exemple, d'un ouvrier qui travaillait dans notre cloître. Quand nous le voyions poser le carrelage, nous pouvions penser qu'il prenait son temps, qu'il avançait tranquillement. Pourtant, en fin de journée, quand nous prenions la mesure de la surface qu'il avait recouverte, nous étions étonnés de son efficacité. Son collègue, très actif, lui, avait un rendement moindre. Un des frères m'a raconté aussi la visite qu'il avait faite à deux moines d'une autre abbaye avant son entrée chez nous. L'un se lamenta, en le saluant, du peu de temps qu'il aurait à lui consacrer en raison de ses nombreuses occupations. Il garda pourtant ce frère pendant une heure, sans être vraiment disponible pour lui. Il parla essentiellement de lui-même, de tout ce qu'il avait à faire, et s'intéressa à peine à ce que le visiteur avait à lui dire. L'autre moine le salua dans la joie et l'avertit qu'il n'avait, ce jour-là, que vingt minutes à lui consacrer. Mais pendant ces vingt minutes, il fut si présent et l'écouta si attentivement que le visiteur eut l'impression que le moine n'était là que pour lui. Ces vingt minutes lui parurent plus pleines et plus longues que l'heure entière passée avec le moine pressé.

2.

Les causes psychiques de l'intranquillité

Souvent l'anxiété a des causes psychiques. Elle peut correspondre à un refoulement, à la fuite devant un conflit, mais signaler aussi le début d'une dépression. On ne dort plus, on ne supporte plus de rester tranquille, on s'agite dans tous les sens afin de faire quelque chose, on ne parvient plus à trouver la paix. Cette anxiété maladive, seuls un médecin ou un psychologue peuvent la soigner. Et il existe beaucoup de signes de l'anxiété névrotique. Les malades mentaux nous renvoient en miroir ce que nous vivons tous d'une manière ou d'une autre. Chacun connaît ces moments où il fuit quelque chose, où il s'agite, sans pouvoir en expliquer la cause, prétextant qu'il a beaucoup à faire. Nos proches comprennent bien que si nous sommes stressés, c'est parce que nous avons « perdu notre centre ». Ils nous invitent à nous reprendre en main. La plupart du temps, pourtant, nous refusons de chercher les causes d'une telle situation dans notre psychisme. Nous expliquons notre angoisse par des circonstances externes. Mais quand cette angoisse devient chronique, nous aurions tout intérêt à nous mettre à l'écoute de nous-mêmes et à nous demander quelle en est la cause véritable.

Les maladies psychiques s'accompagnent souvent d'une grande anxiété. Les anorexiques, par exemple, cherchent en permanence à s'occuper et s'épuisent dans le don d'eux-mêmes. Les psychologues nous expliquent qu'ils résistent à leurs pulsions, qu'ils en ont peur et qu'ils cherchent à les fuir en s'occupant. D'autres sont entraînés dans l'agitation parce qu'ils suivent leurs pulsions. Il existe d'un côté des formes névrotiques de l'angoisse et, de l'autre, des psychoses qui se traduisent par une forte excitation. Les crises maniaco-dépressives se caractérisent par une fébrilité « hectique ». Les signes de la dépression sont l'anxiété et l'insomnie. Les dépressifs ne trouvent pas le repos, ils « ruminent » sans cesse. Ils font preuve de nervosité envers le monde qui les entoure jusqu'à devenir prisonniers de cette agressivité. Au travail, dans la prière, pendant la promenade, partout ils sont assaillis jusqu'à l'épuisement par les pensées négatives qu'ils nourrissent envers les autres. Jusqu'à ne plus pouvoir « décrocher ». Ils n'ont plus aucune distance avec le monde extérieur. Ils sont sous sa domination et se laissent mener par lui. Ils perdent leur équilibre, leur ancrage, leurs racines, errent sans but jusqu'à tomber malades. On ne peut venir à bout de l'angoisse par la seule volonté. Il nous faut prendre en compte ses causes, le manque de recul, l'incapacité à se sentir soi-même. Il ne faut pas se laisser définir, déterminer par le monde extérieur. Ne le laissons pas nous malmener et nous tourmenter !

Il existe, par ailleurs, d'autres formes d'angoisse qui ne relèvent pas de la maladie mais qui ont, cependant, des causes psychiques. Pour la philosophie grecque, les affects empêchaient l'homme de trouver la sérénité. Celui qui ne s'occupait pas de ses affects comme il le fallait risquait de tomber sous leur domination. Les premiers moines ont repris cette tradition, l'ont transformée et en ont tiré la théorie des neuf *logismoï*. *Logismos* signifie : calcul, considération, réflexion, observation. Évagre le Pontique, qui a décrit de la façon la plus détaillée ces *logismoï*, entend par là des pensées marquées par les affects, des passions, des pulsions et des émotions. Si nous les laissons faire, ils nous empêchent de trouver la sérénité, de nous recentrer et d'atteindre la paix de l'âme. La théorie des neuf *logismoï* devint, plus tard, celle des huit vices et, finalement, des sept péchés capitaux. À l'origine, pourtant, elle ne se voulait pas moralisatrice mais psychologique. Elle cherchait à connaître ce qui nous empêchait d'atteindre la sérénité et de prier sans être distrait. Cette théorie des neuf *logismoï* a certainement influencé aussi la théorie moderne de l'ennéagramme[15]. Ainsi pourrait-elle constituer une grille de lecture appropriée à la description des causes de notre incapacité à trouver la sérénité.

Poussés par nos pulsions

Évagre divise les neuf *logismoï* en trois groupes qui correspondent, chez l'homme, au désir *(épithymia)*, à l'émotion *(thymos)* et à l'esprit *(nous)*. Le désir est lui-même caractérisé par trois pulsions fondamentales : le besoin de se nourrir, la sexualité et l'aspiration à posséder. Certains ne supportent pas le calme, ils ne peuvent, par exemple, s'empêcher de manger. Ainsi remplissent-ils un vide intérieur. Pour beaucoup, le rituel du dîner se résume à manger devant leur téléviseur. Même la télévision ne suffit pas à les distraire, il faut en plus qu'ils grignotent quelque chose pour calmer leur anxiété. D'autres sont « poussés » par leur sexualité. Ils ne s'appartiennent plus quand passe une jolie femme, ils sont sous l'emprise de leurs fantasmes. Ils ne se jettent pas dans l'anxiété pour échapper à leurs pulsions, comme le font les anorexiques, mais ils y sont poussés par leur sexualité. Ils ne peuvent pas marcher tranquillement dans la rue sans être excités sexuellement. Des femmes me racontent qu'elles sont souvent importunées le soir dans le métro ou le bus par des hommes qui n'ont, manifestement, que le sexe en tête. Ces hommes, en quête de femmes qui les excitent, vont jusqu'à s'approcher d'elles en se caressant le sexe. Il est dommage que des êtres humains soient dominés par leur sexualité et qu'ils ne puissent plus penser à rien d'autre. Ils ne trouvent pas la paix, leurs sens ont besoin d'une excitation extérieure. Ils ne jouissent pas de leur sexualité, ils sont livrés à leurs pulsions sexuelles.

De même, la cupidité peut conduire à l'intranquillité. On ne se contente pas de ce que l'on a, on se crée d'autres besoins. Et l'on passe des journées entières à chercher ce que l'on pourrait bien acheter. Pourtant, dès l'achat réalisé la satisfaction retombe et un nouveau désir nous taraude, ne nous laissant plus de paix jusqu'à ce que nous l'ayons satisfait, à son tour, par un nouvel achat. Beaucoup sont ainsi poussés par la compulsion d'acheter. Vouloir posséder quelque chose n'est pas mal en soi. L'aspiration à posséder prend sa source dans le désir de vivre dans la paix et la sécurité. La possession est promesse de paix. Mais beaucoup sont « possédés » par leur désir de possession. Ils sont poussés à acquérir toujours plus. Parce qu'ils n'ont pas suffisamment de richesse en eux, ils la recherchent à l'extérieur.

Ces trois pulsions fondamentales ont quelque chose en commun : elles peuvent nous conduire à la dépendance si nous ne réagissons pas. En soi, les pulsions ne sont pas mauvaises. Comme l'étymologie l'indique, elles nous « poussent » à agir. En fait, c'est à la vie qu'elles nous poussent. Le besoin de s'alimenter et la sexualité poussent à goûter la vie et à en jouir, en même temps que l'aspiration à posséder pousse à la paix. La Bible comprend ces trois pulsions fondamentales comme des forces conduisant à Dieu. Dans le repas eucharistique, nous faisons un avec Dieu ; la relation à Dieu est décrite dans un langage érotique ; la possession authentique, celle qui nous apporte la sérénité, c'est la perle que représente notre être véritable, l'image que Dieu s'est faite de nous. Mais trop souvent nous nous laissons « pousser » dans la dépendance à la nourriture, au sexe, à la drogue, à la boisson, au jeu, aux biens matériels. Cette dépendance est toujours une aspiration *[Sehnsucht]* refoulée[16]. Nous devenons dépendants parce que nous ne voyons pas que cette aspiration s'exprime au travers de ces trois pulsions. Dépendants, nous cherchons en vain à satisfaire nos besoins.

Secoués par nos émotions

Les trois *logismoï* de l'émotion peuvent eux aussi nous conduire à l'anxiété. Les moines appellent ces trois émotions : tristesse, colère, dégoût (*akedia*, acédie). Certes, beaucoup d'autres émotions troublent le cœur de l'homme, l'empêchant de trouver la paix. Mais la tristesse se traduit par un apitoiement sur soi ou par la dépression. L'être triste ne peut dire oui à ce qui est, il porte en permanence le deuil de ses illusions non satisfaites. Avec complaisance, il s'apitoie sur lui-même. Jean Cassien traduit le mot grec *lype*, qui évoque chez Évagre un « abattement de l'âme », par *tristitia*, morosité, « sombre gravité, tristesse, mécontentement, irritation, résignation, dépression ». La tristesse est liée à la mélancolie et à la dépression. Les dépressions s'annoncent souvent par une agitation intense. La personne dépressive ne supporte plus de rester chez elle. Son agitation peut croître jusqu'à l'insomnie. Elle ne peut plus « décrocher ». Fatiguée en permanence, elle ne peut plus s'endormir. Tourmentée par des pensées négatives, elle n'arrive plus à trouver la paix. De nos jours, nombreux sont ceux qui souffrent d'insomnie. Les formes de ce trouble sont multiples. Certains ne peuvent s'endormir parce que trop de pensées les hantent. D'autres n'arrivent même pas à aller se coucher. Ils s'occupent alors à des choses insignifiantes qu'ils ne peuvent se résoudre à abandonner pour aller au lit. D'autres encore s'endorment mais se réveillent très vite et, tourmentés, n'arrivent pas à retrouver le sommeil. Souvent, cet état est l'expression de l'inconscient, de son contenu refoulé qui se traduit par l'anxiété. Parfois, ce sont les problèmes rencontrés pendant la journée qui refont surface au cours de la nuit. Ainsi un cadre d'entreprise se rappellera-t-il les conflits qui l'opposent à son supérieur. Il ruminera la conversation qu'il a eue avec lui. Mais la rumination ne mène à rien. Il se tournera et se retournera dans son lit et, au petit matin, il se lèvera fourbu et moulu.

Jean Cassien décrit les quatre attitudes qui émanent de la tristesse : « grossièreté, méchanceté *(rancor)*, pusillanimité *(pusillanimitas)*, amertume *(amaritudo)*, désespoir *(desperatio)* ». Ces quatre attitudes débouchent dans la colère qui, selon Évagre, succède à la tristesse. La colère, l'amertume, l'insatisfaction sont des formes typiques de l'anxiété. Si, par exemple, quelqu'un emploie envers moi des mots blessants, je ne peux oublier ses paroles ; je les ressasse, ce qui m'empêche de trouver la paix. Ou bien je me mets en colère et, le soir, seul dans ma chambre, je revis cette colère. Tourmenté, je n'arrive pas à trouver la sérénité. Je connais, par exemple, une femme qui ne voit, dans la vie de son village, que les côtés négatifs. À l'église, tout va mal ; le club de football accapare et épuise ses enfants ; elle se dispute avec sa voisine comme avec tout le monde ; qu'elle repasse ou qu'elle fasse ses courses, une seule pensée la poursuit : tout le monde lui en veut. Elle ne peut se défaire de son animosité et a peur de devenir folle. Elle sent bien que cela ne peut pas continuer. Elle n'a pas de recul face à ses problèmes et ne fait pas de différence entre les autres et elle-même : elle ne peut laisser les autres « dehors ». Son anxiété croît ainsi jusqu'à devenir menaçante pour elle. Bien que les circonstances extérieures ne soient pas particulièrement dures, elle se rend la vie si difficile qu'elle ne peut s'en sortir toute seule.

Parfois aussi, c'est une insatisfaction qui m'empêche de trouver la paix. Je me révolte contre tout, je ne peux accepter aucun compromis et ne peux profiter vraiment de rien. Rien ne me satisfait et, même quand quelque chose réussit, je trouve un cheveu dans la soupe. Ou encore, si les autres me font du bien, je trouve toujours des raisons de les critiquer. Je ne supporte pas de rester près de ces personnes qui répandent l'insatisfaction ! Trouver la paix auprès de ceux qui sont ainsi tiraillés est bien difficile, il vaut mieux se protéger et les laisser à leur insatisfaction. Certains se plaignent tout le temps, s'empêchant de trouver la paix. D'autres sont calmes en apparence mais bouillonnent à l'intérieur. C'est comme s'ils étaient assis sur un volcan. À tout instant, une éruption est possible : il suffit que quelqu'un leur donne l'occasion de s'énerver.

Akedia : l'incapacité de trouver la paix

Nous trouvons une description pertinente de l'anxiété dans la pensée élaborée par les moines autour du *logismos* de l'*akedia*. Pour Évagre, l'*akedia* est le pire des démons qui font de l'homme un être déchiré. L'*akedia* est l'incapacité à être dans l'instant, à se laisser aller à ce qui est. Évagre décrit avec humour un moine assailli par le démon de l'*akedia*. Ce moine est assis dans sa cellule mais il ne supporte plus d'y être, il regarde sans cesse par la fenêtre si quelqu'un vient lui rendre visite. Il se plaint de ses frères au cœur dur comme la pierre qui ne pensent pas à lui. Puis, il regarde le ciel et se demande s'il n'est pas l'heure de manger. Il se rebelle contre Dieu qui fait avancer, aujourd'hui, le soleil aussi lentement. Il lit ensuite l'Écriture mais, fatigué, il s'endort, prenant sa bible pour oreiller. La dureté de cet oreiller finit par l'énerver, il se lève et se rebelle contre le monde entier. Évagre montre ainsi l'infantilisme de ce moine qui pleurniche parce qu'il n'obtient pas ce qu'il veut, tout en ne sachant pas vraiment ce qu'il veut. Alors que j'évoquais cela lors d'une conférence, une femme intervint pour dire qu'elle reconnaissait là l'attitude de son mari qui ne supporte pas le temps brumeux. Elle a beau rendre la maison agréable, allumer une bougie, mettre de la musique, cela ne sert à rien : son mari reste nerveux, il va d'une pièce à l'autre et se plaint du temps qu'il fait, des hommes politiques, de son travail et se révolte contre Dieu, l'Église, sa femme ou ses enfants. Tout est contre lui. C'est à juste titre que Jean Cassien nomme l'*akedia* : *taedium* (dégoût, répugnance). L'*akedia* fait naître en nous l'*horror loci*, le dégoût du lieu où nous nous trouvons. Nous voudrions être ailleurs, quand nous sommes en train de travailler nous préférerions ne rien faire et quand nous ne faisons rien nous nous ennuyons. Nous ne pouvons nous concentrer sur rien, ni sur la prière, ni sur le travail, ni sur l'oisiveté. Nous ne pouvons même pas profiter de cette oisiveté. L'*akedia* est l'incapacité à se laisser prendre par l'instant, à être totalement présent. Si nous n'allons pas bien, c'est la faute des autres ; si notre collègue de travail n'était pas si pénible, si notre maison n'était pas si sombre, nous irions bien mieux ! Nous nous révoltons contre tout : les personnes avec lesquelles nous vivons, l'endroit où nous habitons, le temps qu'il fait, le programme de la télévision, les vêtements que nous portons et même contre notre corps qui n'est pas comme il devrait être. Cette maladie, très répandue aujourd'hui, a été fort bien décrite par Pascal Bruckner dans *La Tentation de l'innocence.* Maladie de la victimisation : c'est toujours la faute des autres et il nous est impossible de trouver la sérénité.

Le mot *a-kedia* signifie en fait « sans souci », car *kedos* veut dire : souci, tristesse, souffrance en raison d'une perte. Augustin Wucherer-Huldenfeld traduit *akedia* par l'absence fondamentale de souci pour soi-même et pour l'être-avec-les-autres, l'absence d'intérêt pour soi et pour les autres. Josef Piper estime que l'*akedia* ne devrait pas être entendue comme l'indolence, la nonchalance. Il pense qu'il faut plutôt comprendre dans ce concept que l'homme « ne collabore pas à la réalisation de soi, refuse d'apporter sa contribution à une existence réellement humaine et qui lui appartienne en propre ». Évagre appelle l'*akedia* : *atonia* (atonie) de l'âme, c'est-à-dire : absence de tension, relâchement. L'homme a perdu la saine tension *(eutonia)*, il est ramolli, relâché. Il s'effondre, il erre, ses mouvements sont nerveux. Le remède à l'*akedia* consiste à réaliser avec soin tout ce que l'on fait. Ce soin engendre une saine tension, une *eutonia*.

Jean Cassien dresse une liste des attitudes qui découlent de l'*akedia* : « l'oisiveté *(otiositas)*, l'envie de dormir *(somnolentia)*, la mauvaise humeur *(importunitas)*, l'inquiétude *(inquietudo)*, l'errance *(pervagatio)*, l'inconstance *(instabilitas mentis et corporis)*, le flot de paroles *(verbositas)*, la curiosité *(curiositas)* ». Il décrit ainsi de façon pertinente le comportement de beaucoup de nos contemporains. Les trois premières attitudes représentent le refus d'être là, d'entrer dans le flux de la vie. L'oisiveté n'est pas le véritable loisir *(otium)*, cette capacité d'être dans l'instant, de profiter de l'existence, mais le refus de se laisser prendre par une activité. L'oisif ne profite pas du loisir, il erre sans entrain tel le « désœuvré agité » de Kurt Tucholsky. L'envie de dormir s'installe toujours quand on risque d'être concerné. Par exemple, nous regardons un film et nous nous endormons au lieu de nous laisser toucher. La mauvaise humeur est une rébellion contre tout ce qui est. Les cinq autres attitudes découlent de cette rébellion. On est en permanence dans l'inquiétude, dans l'errance, dans l'occupation sans être vraiment à ce que l'on fait. L'activité débordante ne fait que cacher une dépression latente. La psychologie parle ainsi de dépression endogène, qui peut se traduire par une maladie psychosomatique ou une suractivité. L'anxiété ne s'exprime pas seulement par une activité incessante mais encore par l'incapacité à se concentrer sur quoi que ce soit, à aller au bout de ses réflexions, à lire un livre jusqu'à la fin. Elle se traduit par des mouvements qui n'émanent pas du centre de notre corps, mais qui donnent l'impression d'automatisme, de nervosité, de tiraillement, de disharmonie.

Le flot de paroles et la curiosité sont deux des aspects aujourd'hui les plus répandus de l'*akedia.* Le flot de paroles est le contraire de la conversation : on n'écoute pas, on ne laisse pas place au dialogue, on passe d'un sujet à l'autre, on n'aborde que des choses superficielles et on préfère parler des autres pour ne pas avoir à parler de soi. Wucherer-Huldenfeld appelle cette « verbosité » « décadence de la parole ». L'homme « se ressent intérieurement comme vide, muet ; n'ayant rien d'essentiel à dire, il masque cet état en parlant de plus en plus fort ; son discours donne l'impression qu'il est au courant de tout et qu'il s'intéresse à tout, et pourtant ce discours sonne creux[17] ». Nous avons l'impression d'entrer en relation avec les autres parce que nous leur parlons mais en réalité nous ne faisons qu'exprimer notre incapacité à y arriver. Et nous évitons d'affronter cette incapacité au dialogue en débitant des paroles superficielles. Les *talk-shows* montrent bien à quelle décadence du discours nous sommes arrivés. La capacité à parler pour ne rien dire y est poussée *ad absurdum*, jusqu'à l'extrême. On y parle sans écouter l'autre, on y « souffle » aux invités les idées qu'ils doivent exposer dans un temps imparti. Ainsi, aucune idée neuve ne parvient à émerger de tels débats, la recherche de l'effet primant sur tout dialogue véritable.

Quant à la curiosité, Martin Heidegger l'a décrite de façon pertinente dans *Être et Temps*. À la suite de saint Augustin, il caractérise la curiosité comme « une *instabilité* spécifique à l'égard de ce qu'elle a à proximité », comme une préoccupation « de la possibilité permanente de la *dispersion* ». La curiosité « ne cherche la nouveauté que pour se jeter d'autant mieux d'une nouveauté à l'autre. Ce n'est pas pour saisir et pour, en vertu de ce savoir, être dans le vrai[18] », mais pour passer de l'un à l'autre dans l'indifférence, sans être concerné. Beaucoup restent assis devant leur téléviseur dans cet état de curiosité, ils passent d'un programme à l'autre et veulent tout voir mais sont incapables de regarder un film jusqu'à la fin ou de suivre une discussion jusqu'au bout. À vouloir tout avoir, ils n'ont rien.

Des pensées qui ne nous laissent pas en paix

Les pensées qui occupent notre esprit nous accaparent encore plus que les sentiments. Aussi longtemps que nous les avons en tête nous ne trouvons pas la paix. Mais nous n'arrivons pas si facilement à stopper leur va-et-vient, à les faire disparaître. Beaucoup d'entre nous ruminent ainsi en permanence. Les moines parlent à ce propos de trois *logismoï* spirituels : la recherche de la vaine gloire, l'envie et l'*hybris* (orgueil). La recherche de la vaine gloire nous pousse à faire attention en permanence à ce que les autres pensent de nous. Nous sommes sans cesse en représentation et nous nous préoccupons de qu'il faudrait faire ou dire afin d'être dignement applaudis. La recherche de la gloire va de pair avec la peur du qu'en-dira-t-on. Nous craignons de ne pas correspondre à l'attente de notre entourage. Nous nous angoissons à l'idée que les autres pourraient découvrir nos défauts et nos faiblesses. Dès que nous sommes en société, nous perdons notre sérénité. Nous nous mettons nous-mêmes sous pression en voulant faire bonne figure. C'est le monde extérieur qui nous guide. Tant que nous sommes dans la main des autres, nous sommes tiraillés en tous sens et décentrés.

La recherche de la gloire se manifeste aujourd'hui particulièrement dans le perfectionnisme. Nous craignons de faire des erreurs et nous nous voudrions infaillibles. La source de ce perfectionnisme remonte souvent à l'enfance où nous étions reconnus en proportion de notre capacité à être parfaits. Ce perfectionnisme cache la peur de n'être rien. Nous voudrions prouver notre valeur en travaillant toujours plus mais les louanges ne comblent jamais notre désir de reconnaissance. Nous nous tuons au travail et ne trouvons jamais la paix intérieure.

Nombreux sont ceux qui voudraient surmonter cette peur qui les poursuit partout. Mais s'ils la combattent de front, ils ne la surmonteront jamais. Ils resteront obsédés par elle alors qu'il serait plus judicieux d'en rechercher les causes. L'une des causes essentielles de cette peur tient à la conception erronée que l'on se fait de la vie, à cette négation de la vie dont parlent les thérapies comportementales. Cette négation se traduit par des pensées destructrices du type : « Je n'ai pas droit à l'erreur, sinon je suis nul ! », « Si je me ridiculise, on me rejettera ! ». Celui qui s'impose de telles contraintes ne peut pas accomplir tranquillement son travail et ne peut rencontrer les autres de façon authentique. Tourmenté par la peur, il ne peut se défaire de ses pensées. Il se demande toujours quelle erreur il a pu commettre et s'inquiète de ce que les autres pourraient lui reprocher. Sortant d'une conversation, il la ressasse en se demandant ce que son interlocuteur a bien pu penser de lui et s'il n'a pas remarqué ses obsessions. La peur nous poursuit comme une ombre qui ne nous laisse pas en paix.

De la même façon, l'envie et la jalousie nous empêchent de trouver le calme. L'envie nous pousse à nous comparer en permanence aux autres. Nous ne pouvons nous contenter de ce que nous avons, nous pensons toujours aux autres qui servent d'étalon à notre valeur. Il suffit d'écouter les conversations au café ou au bureau où chacun dénigre les autres. Nous avons besoin de dévaloriser les autres pour affirmer notre propre valeur. Nous n'acceptons pas les autres tels qu'ils sont et nous passons notre temps à faire des commentaires sur eux. C'est là un symptôme de l'anxiété qui nous taraude aujourd'hui. Et même si nous n'exprimons pas les jugements que nous portons sur les autres, ils occupent entièrement notre pensée. Notre cœur ne peut trouver la sérénité.

Celui que la jalousie tourmente sait combien celle-ci le prive de la paix. Lorsque notre conjoint ou notre ami(e) sort, nous nous laissons envahir par la jalousie. Nous nous demandons ce que l'autre peut bien faire, ce qu'il nous cache, s'il est en train de parler de nous à quelqu'un en compagnie de qui il se plaît. Nous tentons de nous distraire en allumant la télévision, mais en vain. Nous nous couchons sans pouvoir nous endormir, victimes de notre imagination. Mais reconnaître cette jalousie détruirait l'image que nous avons de nous-mêmes. Aussi la transformons-nous en colère contre l'autre. Nous imaginons tout ce que nous pourrions lui dire afin de le blesser et de nous venger. Et, tout à coup, nous nous découvrons un cœur capable de pensées assassines ! Nous ne sommes plus maîtres de nous et d'innombrables pensées sadomasochistes nous tourmentent. Ces pensées nous privent de la sérénité, nous empêchent de dormir et de jouir d'une soirée passée enfin seuls. Cette solitude devient un tourment.

L'*hybris* consiste à refuser de se regarder en face et de se réconcilier avec soi-même. Nous tenons à tout prix à l'image que nous nous faisons de nous-mêmes et nous refusons de voir notre face cachée. Nous vivons sans cesse dans la crainte que les autres mettent au jour nos faiblesses. Aussi élaborons-nous des stratégies pour masquer ces points faibles, ce qui est fatigant. Chaque crise nous panique et, dans l'angoisse, nous tentons de reprendre les choses en main afin de cacher notre manque d'assurance. Nous cherchons alors soit un gourou, dont nous attendons qu'il résolve pour nous la crise que nous traversons, soit de nouvelles méthodes qui nous permettraient de la juguler nous-mêmes comme se nourrir sainement, faire du jogging ou du training autogène (autorelaxation). Toutes ces méthodes sont bonnes mais, si nous les appliquons avec le seul désir de camoufler notre état de crise, elles ne contribuent qu'à augmenter encore notre anxiété. En effet, c'est avec violence que nous voulons reprendre les choses en main et nous vivons dans la peur de ne pas y parvenir.

Dans l'*hybris*, non seulement nous cachons aux autres nos défauts et nos faiblesses, mais nous cherchons à avoir une bonne impression de nous-mêmes. Nous tentons de refouler notre sentiment de culpabilité et nous vivons en permanence dans la crainte qu'il refasse surface. Beaucoup ne voient pas que la culpabilité joue un rôle central dans nos vies. Pourtant, les thérapeutes, eux, constatent combien leurs patients souffrent de culpabilité. Le sentiment de culpabilité est souvent la cause de l'anxiété. Comme il est désagréable, nous le fuyons car il nous arrache le masque d'innocence. Il nous faut ainsi développer de nouvelles stratégies pour éviter ce sentiment. L'une consiste à trouver de multiples occupations qui empêchent ce sentiment de resurgir dès que nous avons du temps libre. Nous sommes nombreux à nous plaindre d'avoir trop à faire, mais nous en sommes responsables. Nous avons beau faire, à un moment ou à un autre la culpabilité refera surface. Un deuxième mécanisme se met alors en place : nous nous cherchons des excuses. Nous ne sommes pas coupables ! Nous ne pouvions pas faire autrement ! Et n'est-ce pas à cause des autres que nous avons dû nous comporter ainsi ? Mais plus nous trouvons d'excuses, plus le sentiment de culpabilité nous écrase. Nous cherchons alors de nouvelles excuses et ce cercle vicieux nous prive de tout repos.

Une autre stratégie consiste à rechercher sans cesse la reconnaissance. Comme l'a montré Paul Tillich[19], la culpabilité nous rendant inacceptables à nos propres yeux, nous recherchons l'approbation des autres. Et nous allons de thérapeute en thérapeute afin d'entendre quelqu'un nous dire que nous sommes bons et aimables, qu'il faut cesser de nous culpabiliser et que nos efforts vont dans le bon sens. Si nous parlons de nos problèmes, ce n'est pas dans le but de les résoudre mais pour obtenir de nouveau attention et confirmation. Mais, quand bien même des milliers de gens nous approuveraient et nous accepteraient, ce ne serait encore pas assez ! Car le sentiment de ne pouvoir être aimé continue de nous ronger. Certains essaient — comme l'a montré Eugen Drewermann[20] — de rembourser leur dette en se donnant sans limites au service des autres. Leur mauvaise conscience les pousse à cette présence permanente aux autres dans le seul but d'atténuer leur culpabilité. N'y réussissant pas, la culpabilité les poursuit.

Un proverbe affirme que « l'on dort mieux la conscience en paix ». La mauvaise conscience nous empêche de trouver la sérénité. Elle n'a pas seulement partie liée avec la culpabilité mais aussi avec les attentes dont nous sommes l'objet. Les parents attendent, par exemple, que leurs enfants aient de bonnes notes, qu'ils suivent telle formation plutôt que telle autre, qu'ils apprennent la musique ou la danse. Tout cela est si important aujourd'hui et nous vaut la considération des autres. Pourtant, ces attentes ne sont bien souvent que l'expression d'une anxiété. Nous n'acceptons pas l'enfant tel qu'il est, nous le pressons toujours par crainte qu'il ne suive pas ou qu'il ne soit pas au niveau des autres. Nous attendons beaucoup des autres et nous pensons que, si ces attentes sont comblées, nous irons mieux, que si nous n'allons pas bien c'est de leur faute. Erreur ! car c'est parce que nous sommes incapables de nous accepter nous-mêmes que nous avons de telles attentes envers les autres ; attentes qui, aussitôt satisfaites, renaissent.

Et nous sommes, à notre tour, soumis aux attentes des autres. Un ami espère que nous allons l'appeler ou lui rendre visite, la famille voudrait que nous lui consacrions plus de temps, l'entreprise exige de notre part plus d'engagement et de disponibilité, une mère malade attend plus de soin et d'attention de ses enfants. Beaucoup se laissent entièrement phagocyter par toutes ces attentes et se laissent culpabiliser par la crainte de ne pouvoir les combler. Parfois, ces attentes sont le fruit de notre imagination, elles émanent de notre propre Surmoi : l'intériorisation de la voix de nos parents. Dès l'enfance, cette voix nous contraignait : « Sois sage ! Travaille bien ! Fais en sorte de réussir ! Ne te laisse pas aller ! Ne te fais pas remarquer ! Sois bien avec tout le monde, évite les conflits et fais des concessions ! » Je connais même des personnes pour qui prendre des vacances relève de la paresse, tant est forte en elles cette voix parentale. Un être humain se doit de travailler sans cesse ! J'entends aussi des femmes qui n'osent pas abandonner un seul instant leurs tâches ménagères pour ouvrir un livre, par crainte d'avoir à se le reprocher ensuite. Une religieuse m'a raconté, de son côté, qu'elle travaillait toujours jusqu'à la dernière minute avant l'office divin pour ne pas avoir un instant d'oisiveté sur la conscience. Car pour elle c'eût été la pire des choses ! La pression était si forte qu'elle ne pouvait même pas s'abandonner totalement à la prière.

Les attentes auxquelles nous nous soumettons sont celles qui nous éloignent le plus de la paix. Nous exigeons de nous la perfection, la maîtrise de tous les problèmes, tant familiaux que professionnels. Mais, quand nous butons sur la résolution d'une difficulté concernant nos enfants par exemple, nous sommes pris de panique. Nous avons l'impression de tout rater. Nous craignons que les autres s'aperçoivent que nos enfants ne sont pas ce que nous voudrions qu'ils soient. Et nous reportons sur ces derniers notre propre anxiété. Au lieu de les aider, nous les rendons, à leur tour, anxieux. Plus la crainte de nos propres échecs accroît nos exigences quant à leurs résultats, moins ils sont en mesure de satisfaire ces attentes. C'est là un cercle vicieux. Les enfants sentent que nous paniquons quand ils reviennent de l'école avec de mauvaises notes. Nous sommes incapables de les réconforter et de les encourager et toute tentative en ce sens est vouée à l'échec parce qu'ils ont conscience de notre angoisse. Ils ne savent plus quoi faire : certes, ils aimeraient bien avoir de meilleurs résultats mais nous leur transmettons une telle dose d'angoisse qu'ils se trouveront désemparés devant leur feuille lors du prochain contrôle, oubliant tout ce qu'ils ont appris.

Nous voudrions aussi maîtriser constamment nos sentiments. Et quand nos émotions viennent troubler notre façon d'être et d'agir, notre première préoccupation est de nous ressaisir. Au lieu de prendre en compte nos sentiments et de nous interroger à leur sujet, nous les réprimons afin de paraître sûrs de nous. Mais plus nous les réprimons, plus l'inquiétude augmente. Nous refusons de laisser transparaître nos émotions, craignant qu'elles détruisent l'image que nous souhaitons donner de nous. Nous les tenons sous scellés et elles alimentent, ainsi, un éternel foyer d'inquiétude. Pour calmer ce feu, il nous faudrait soulever le couvercle et observer ce qui s'agite en nous, en l'acceptant sans porter de jugement. Seul un regard plein d'amour peut calmer l'anxiété. Tout ce que nous voulons contrôler par la force nous échappe.

La multiplicité des causes de l'anxiété chez l'être humain montre que cette inquiétude n'est pas le résultat des seuls changements de circonstance. Seul celui qui fait face, dans le plus grand calme, à son anxiété, cherchant ses causes et frayant des voies pour se mettre en harmonie avec soi, atteindra la sérénité à laquelle il aspire. Et comme nous l'avons vu, notre anxiété a des effets sur notre entourage. Ce n'est donc pas un luxe d'analyser notre propre anxiété : cela aura des répercussions sur la société entière. Seul celui qui est serein peut contrer les pressions sociales, seul celui qui est calme peut répandre, autour de lui, la sérénité. La paix est aussi contagieuse que l'anxiété. Nous sommes responsables de l'atmosphère que nous créons autour de nous : sérénité ou anxiété, envie de vivre ou stress.

DEUXIÈME PARTIE

Chemins qui mènent à la sérénité

Le thème de l'anxiété était déjà présent dans la Bible. C'est pourquoi j'aimerais, dans un premier temps, aborder les chemins bibliques qui conduisent à la sérénité. Le marcheur infatigable, le scélérat qui ne trouve pas la paix, celui qui erre sans repos constituent des images bibliques qui restent pertinentes aujourd'hui. La promesse biblique selon laquelle Dieu lui-même procurera à l'homme le repos n'est pas un vain mot. Je me limiterai à deux situations bibliques : l'exhortation de Jésus à trouver la paix auprès de lui et la description du sabbat dans la lettre aux Hébreux. Je m'appuierai aussi sur les recommandations des premiers moines qui indiquent comment le calme peut être trouvé en Dieu. Pour les moines qui peuplèrent le désert d'Égypte dès le IIIe siècle, le monde de l'Antiquité tardive était trop bruyant et trop superficiel. Ils cherchèrent une manière de prier sans distraction et de participer à la sérénité du sabbat divin. Être totalement présent en Dieu, ne faire plus qu'un avec lui, ne pas être absorbé par des pensées ou des émotions, tel est le but du chemin des moines décrit, avant tout, par Évagre le Pontique. Parmi les moines qui ont écrit, il passe pour être le « psychologue ». L'analyse qu'il a donnée des neuf *logismoï* et le chemin qu'il a indiqué pour parvenir à la sérénité et à la prière en Dieu restent d'une grande actualité. Jean Cassien et saint Benoît, ses disciples, ont traduit son enseignement à l'usage des moines occidentaux. Au Moyen Âge, les livres de Jean Cassien furent les plus étudiés après la Bible. Quant à Benoît, il devint un maître pour l'Occident. Sa *Règle* nous réserve, aujourd'hui encore, des considérations surprenantes. Son époque a été marquée par des bouleversements liés aux migrations et, en cela, elle ressemble à la nôtre. C'est pourquoi il peut nous indiquer des voies pour accéder à une vie réussie.

1.

Appel à l'insouciance

D'APRÈS Martin Heidegger, l'être-là est souci. Être au monde signifie se soucier de soi et de son existence, être inquiet pour soi et s'occuper de soi. Le souci rend l'homme anxieux et ne le laisse pas en paix. Heidegger cite la fable romaine du Souci, *Cura* :

> Un jour qu'il traversait un fleuve, le Souci vit de la terre glaise : il en prit en songeant un morceau et se mit à le modeler. Tandis qu'il est tout à la pensée de ce qu'il avait créé, survient Jupiter. Le Souci le prie d'insuffler l'esprit au morceau de glaise ainsi modelé. Jupiter l'accorde volontiers. Mais le Souci voulant alors attribuer son nom à la statue, Jupiter s'y opposa et réclama qu'elle portât le sien. Tandis que le Souci et Jupiter disputaient pour le nom, la Terre *(Tellus)* se souleva à son tour et exprima le désir que la statue reçoive son nom : c'est quand même elle qui l'avait dotée d'une part de son corps. Les parties en présence en appelèrent à l'arbitrage de Saturne. Et

> Saturne rendit la décision suivante qui leur sembla équitable : « Toi, Jupiter, puisque tu lui as donné l'esprit, c'est l'esprit que tu auras à sa mort ; toi, la Terre, puisque tu lui as donné corps, c'est le corps que tu recevras. Mais parce que le Souci a tout d'abord modelé cet être, qu'il le possède tant qu'il sera en vie. Quant au nom, puisque c'est pour lui qu'il y a litige, qu'il s'appelle *homo* car il a été fait avec de l'*humus* (terre)[21]. »

L'homme est donc essentiellement quelqu'un qui se soucie. Son existence entière est déterminée par le souci qu'il a de lui-même. Tant qu'il vit, il a partie liée avec le souci. Ce n'est que dans la mort que le souci cesse la domination qu'il exerce sur lui. À ce moment-là, l'homme appartiendra à Jupiter et retournera à la Terre. Les Romains ont voulu exprimer par cette fable que tout ce que nous faisons est marqué du sceau du souci. Il nous pousse à travailler, à gagner notre vie, à assurer notre avenir, à multiplier nos possessions pour, enfin, vivre dans la paix et la sécurité.

Jésus a une autre idée de l'homme. L'homme n'est pas d'abord quelqu'un qui se soucie mais quelqu'un qui fait confiance. Il se sait dans la main du Père qui prend soin de lui. Dans le Sermon sur la montagne, Jésus invite ses disciples à ne pas se faire de souci :

> Voilà pourquoi je vous dis : Ne vous inquiétez pas pour votre vie de ce que vous mangerez, ni pour votre corps de quoi vous le vêtirez. La vie n'est-elle pas plus que la nourriture, et le corps plus que le vêtement ? [...] Qui d'entre vous d'ailleurs peut, en s'en inquiétant, ajouter une seule coudée à la longueur de sa vie ? (Matthieu 6, 25-27.)

Aucun autre texte n'a suscité autant de critiques que cette parabole : il serait ainsi irresponsable de ne pas se soucier du lendemain. Ernst Bloch y lit la naïveté du christianisme sur le plan économique. Les messaliens[22] ont pris appui sur ce texte pour justifier leur refus du travail. À l'opposé, à la suite d'Antoine les moines ont vu dans le travail une part essentielle de la vie spirituelle. Comment interpréter cette exhortation de Jésus aujourd'hui ? Est-elle une justification pour le style de vie alternatif qui reproche à la bourgeoisie de donner trop d'importance au travail et à la propriété une place indue ? Nous allons voir en quoi les paroles de Jésus peuvent répondre au souci, cause d'anxiété pour l'homme contemporain.

Le mot grec qui traduit le souci, *merimna*, indique que le fait de s'occuper de quelque chose implique l'inquiétude, que l'on est accaparé par quelque chose. Il indique aussi une attente mêlée de crainte. Il évoque encore la peine et la souffrance. Pour les Grecs, le souci est toujours lié au tourment et à l'angoisse. Le souci est un sentiment teinté de peur. Ulrich Lutz[23] parle ainsi de « peur existentielle en action ». C'est à ce souci anxiogène que pense Jésus dans cette parabole. Il emploie deux images pour illustrer son propos : celle des oiseaux qui récoltent sans semer, représentant le travail masculin ; celles des lis des champs qui poussent sans peiner et sans filer, correspondant au travail féminin. Si les deux manières de travailler sont bonnes en soi, l'être humain est obnubilé par ce travail au lieu d'œuvrer dans la confiance en la sollicitude divine. Il pense que tout dépend de lui seul. Finalement, c'est la peur de manquer, de ne pas avoir assez qui l'anime. Cette angoisse fausse son rapport au travail. Elle l'empêche de trouver du plaisir à travailler et donc d'être créatif. Le travail n'est plus, alors, que l'expression du souci et de l'angoisse. Il maintient l'homme dans l'inquiétude et l'intranquillité.

On peut comprendre que l'homme s'inquiète pour son avenir car son existence en ce monde est pleine de risques. Pourtant cette insécurité existentielle ne doit pas le conduire à l'anxiété mais à la confiance en un Dieu qui prend soin de lui. Il se peut que Jésus ait adressé ces paroles à ses disciples parce qu'ils avaient dû abandonner leur travail pour partir prêcher, plaçant toute leur confiance en Dieu. Matthieu transpose les paroles de Jésus dans la situation qui était celle de la communauté. Mais elles sont encore valables pour nous aujourd'hui. Par exemple, cet enseignement : « Cherchez d'abord son Royaume et sa justice, et tout cela vous sera donné par surcroît » (Matthieu 6, 33). Cela ne veut pas dire qu'il ne faille pas donner du sens à son existence ou assumer ses responsabilités et, ainsi, rechercher la sécurité. La question qui se pose est de savoir déjà ce qui m'importe. Si ma peur m'obsède, toute ma vie sera minée par le souci et je passerai mon temps à rechercher la sécurité. Si, par contre, j'oriente mon regard vers le Royaume de Dieu, je relativise mon souci. Je peux, par exemple, m'assurer contre le vol sans pouvoir l'empêcher. Je peux cotiser autant que je veux à une assurance vie, cela ne me garantit pas une vie plus longue. Rien ne peut m'assurer une bonne santé et la longévité. Je suis dans la main de Dieu. L'important, c'est que le Royaume de Dieu advienne, que Dieu m'habite. Dans ce cas, je serai libéré des tourments et des idoles de ce monde. Idoles auxquelles je m'agrippe dans mon angoisse et qui n'ont de cesse que je leur appartienne.

Le souci et l'anxiété troublent l'esprit. Je vais certes me préoccuper de mon avenir, mais je n'agirai pas de manière raisonnable, l'angoisse me poussant à dépenser sans compter pour trouver toujours plus de sécurité. Jésus veut nous libérer du souci afin que nous puissions assumer nos charges familiales en toute sérénité. Le mieux serait de parvenir à se préoccuper de l'avenir sans se laisser paralyser par le souci et l'angoisse. Je dois faire ce qui est en mon pouvoir et, pour le reste, m'en remettre à Dieu en toute confiance. En tant qu'intendant d'un couvent, j'ai ainsi pour responsabilité d'assurer des conditions financières saines à la communauté et ses membres. Mais si cette responsabilité me poursuit jusque dans la prière, je suis dans l'erreur. Je suis plus préoccupé par moi-même que par Dieu et son Royaume, plus tenté de me justifier devant les autres que de m'en remettre à la justice et à la providence divines.

Nous pouvons interpréter les deux notions, « Royaume de Dieu » et « justice divine », d'une autre manière : comme des images pour notre vie intérieure. Il s'agirait alors de faire en sorte que Dieu emplisse notre cœur et qu'il le rende juste. Matthieu situe cette parabole concernant le souci au sein du Sermon sur la montagne. En comparaison avec Luc, Matthieu intercale, entre les Béatitudes qui nous rapprochent de Dieu et l'exhortation à ne pas juger, le chapitre 6 où il décrit les trois formes de la piété juive : l'aumône, la prière et le jeûne. Jésus les reprend et souligne le caractère secret qu'elles devraient avoir. Il ne faut pas, en les pratiquant, chercher à se faire remarquer des autres. Le but de la prière est de découvrir sa propre intériorité pour y être seul avec Dieu. Le jeûne n'est pas une pénitence, il doit conduire à la joie et à la sérénité dans la confiance en la providence divine. Pour Matthieu, jeûner et prier sont indissociables. Le jeûne libère l'orant des soucis qui lui barrent l'accès à son intériorité, afin qu'il puisse prier Dieu en secret. Cet espace au plus profond de nous est le Royaume de Dieu. Si nous entrons en contact avec cet espace de sérénité, notre vie sera juste et en accord avec notre être le plus profond. Ainsi, nous nous redresserons et serons des hommes debout. Lorsque nous accédons au « Royaume de Dieu en nous », nous pouvons dire avec Thérèse d'Avila : « Dieu seul suffit. » Nous prenons conscience, alors, que nous n'avons plus besoin de nous inquiéter. Répondre aux attentes et aux exigences des autres n'est plus un objet de préoccupation puisque les autres n'ont pas accès à cet espace intérieur. La peur non plus n'y a pas place car, durant ces instants, nous réalisons que nous avons tout ce qu'il nous faut pour vivre. Non que nous puissions, tout à coup, dépenser sans compter !

Mais croît en nous un espace d'absolues tranquillité et liberté. Ce qui peut nous arriver nous importe peu car nous savons que Dieu est en nous. Et là où Dieu, le secret, habite, nous sommes chez nous. Nous nous sentons soutenus et en sécurité même au cœur de l'agitation. Dieu est celui qui nous libère vraiment du souci.

Libérés du souci, nous trouvons véritablement la paix. Le souci est bien le plus grand ennemi de la sérénité. Il nous suffit d'observer des gens inquiets, ils sont bien tels que les décrit Matthieu : ils se préoccupent de leurs besoins matériels, craignent de manquer et de n'être pas reconnus. Ils se soucient de leur « vêtement », cherchant à correspondre aux canons de la mode et de la beauté. Prestige, renommée, carrière : telles sont leurs préoccupations ! Certains ne se satisfont jamais de ce qu'ils ont, ils se comparent constamment aux autres. Ils s'empêchent ainsi d'atteindre la sérénité. Ce n'est qu'en abandonnant nos soucis pour nous préoccuper du Royaume de Dieu que nous trouverons en nous le lieu de ce Royaume. Là se trouvent aussi la paix, la sécurité et notre véritable patrie.

2.

Invitation à la sérénité

Dans l'évangile de Matthieu, un passage singulier a provoqué de nombreuses controverses exégétiques. C'est celui de l'allégresse de Jésus (Matthieu 11, 25-30). Après que Jean le Baptiste l'a reconnu et qu'il a maudit les villes des bords du lac de Tibériade qui l'avaient rejeté, Jésus bénit Dieu d'avoir révélé aux « tout-petits » qui il était en vérité : le Fils du Père. Cette louange est suivie par une invitation de Jésus (Matthieu, 11, 28-30) :

> Venez à moi, vous tous qui peinez et ployez sous le fardeau, et moi je vous soulagerai. Chargez-vous de mon joug et mettez-vous à mon école, car je suis doux et humble de cœur, et vous trouverez soulagement pour vos âmes. Oui, mon joug est aisé et mon fardeau léger.

Après que Jésus a dit qui il est, il évoque le salut qu'il donnera à ceux qui viendront à lui. Ce salut est représenté par une image de sérénité. Jésus reprend l'appel à la sérénité de Jésus Ben Sira qui invite les ignorants à se mettre à son école (Ecclésiastique 51, 23-27). Celui qui se place sous le joug de la sagesse trouvera la paix. Et Jésus reprend les mots de Dieu rapportés par Jérémie (6, 16) :

> Ainsi parle YHWH : Arrêtez-vous sur les routes et voyez, renseignez-vous sur les chemins de jadis : quelle était la voie du bien ? Suivez-la et vous trouverez le repos pour vos âmes.

Jésus incarne donc la sagesse divine. Il nous montre le chemin pour accéder à la vraie vie, à la joie, la paix et la sérénité. Il conçoit son action comme une offrande de paix à tous ceux qui peinent et qui s'inquiètent. Cette sérénité rappelle le repos sabbatique de Dieu. Jésus donne aux hommes accès à Dieu, son Père, et à ce qui le caractérise, c'est-à-dire la sérénité et le repos issus de la joie d'accepter ce qui est.

Jésus n'exclut personne de la paix qu'il veut offrir. Ses invités sont des hommes qui se donnent du mal dans leur travail, physique ou intellectuel, et qui portent des fardeaux. Par « fardeau », Matthieu pense probablement à la Loi telle que les Pharisiens l'ont interprétée. L'histoire de l'exégèse révèle que le mot « fardeau » a été interprété de diverses manières : comme la faim, la pauvreté, la honte, l'oppression. Aujourd'hui, à la lumière de notre situation, les expressions « peiner », « porter un fardeau », évoquent ceux qui se tourmentent en vain. Ils travaillent tellement qu'ils n'existent plus que par leur travail. Ils vivent sous la pression de devoir toujours faire quelque chose. Peut-être est-ce leur mauvaise conscience qui les taraude ? Ou l'éducation qui leur a fait intérioriser l'injonction parentale de devoir gagner leur vie à la sueur de leur front ? Et derrière tout cela se cache sans doute la peur d'être accusé de paresse, comme c'était déjà le cas quand, enfants, ils jouaient. Tout cela est si ancré dans leur esprit qu'ils en sont sans cesse tourmentés. Certains ont peur d'être dépassés, de n'être pas à la hauteur de ce qu'on leur demande. Ils craignent alors d'être rejetés. Ils se donnent de la peine, ressentent leur vie comme une plaie et se plaignent. « Plaindre » comme « plaie » viennent du latin *plangere* dont le sens premier est « frapper ». Les « coups » du sort sont perçus comme une malédiction. C'est ce que dit l'Ancien Testament, lorsque Adam est chassé du paradis (Genèse 3, 17) : « Maudit soit le sol à cause de toi ! À force de peines tu en tireras subsistance toute ta vie. »

Le fardeau que nous avons à porter, de nos jours, n'est pas celui de la Loi mais celui de l'éducation reçue ou celui que nous nous imposons nous-mêmes. C'est le cas de l'autopunition qui résulte du sentiment de culpabilité. C'est aussi le poids du Surmoi qui nous contraint à travailler toujours plus, nous interdit le repos et juge en permanence nos actes.

Jésus propose un chemin à ceux qui sont incapables de trouver le repos. L'Évangile emploie les mots *anapauso* : cesser, interrompre, apporter la paix, revigorer, et *anapausis* : interruption, calme, lieu de repos. C'est de là que vient le mot « pause ». Pour les Grecs, *anapausis* ne signifie pas seulement le repos d'après le travail mais aussi le repos nécessaire à l'organisme humain, comme chez le sportif ou le soldat. Dans un sens religieux, *anapausis* peut aussi signifier la délivrance du mal. Le repos, pour les Grecs, est sacré. C'est une bénédiction qu'on demande aux dieux. L'Ancien Testament a la même perspective. L'homme pieux aspire au sabbat que Dieu lui destine ; l'absence de repos est une malédiction. Ainsi, Caïn est voué à l'errance perpétuelle : « Tu seras un errant parcourant la terre » (Genèse 4, 12). Le comportement de beaucoup d'entre nous ressemble à celui de Caïn après sa malédiction. Nous errons, nous faisons des efforts mais en vain car notre travail ne donne pas de fruits (voir Genèse 4, 12). Pour Caïn, la cause de cette errance est la faute, le meurtre de son frère Abel. Tourmenté par la culpabilité, il ne connaît plus de repos. Cette image est passée dans la légende par le biais d'Ahasvérus dit le Juif errant. Les contes populaires mettent eux aussi en scène des personnages condamnés à errer dans la forêt jusqu'à leur délivrance. Cette malédiction de l'intranquillité semble caractériser notre époque. La culpabilité refoulée, qui nous pousse à fuir et nous empêche de séjourner, de trouver le repos, pourrait en être la raison. Nombreux sont ceux qui n'osent s'arrêter de crainte que la culpabilité enfouie ne resurgisse. Elle leur ferait prendre conscience qu'ils ont blessé leur frère Abel, qu'ils n'ont pas entendu son cri, qu'ils l'ont abandonné à sa détresse.

Philon, le philosophe juif d'Alexandrie, considérait la paix comme la plus haute des valeurs. Pour lui, elle n'est pas inactivité mais activité sans peine. Dieu se repose sans être fatigué. Son repos est créatif. Pour Philon, l'homme pieux, comme Dieu, peut trouver cette paix créatrice alors que l'homme déraisonnable demeure dans l'anxiété. Les Pères grecs Clément d'Alexandrie et Origène ont repris les conceptions de Philon[24] dans leur interprétation de la Bible. Jésus conduit à la paix véritable et parfaite *(teleia anapausis)*. Qui trouve la paix en épurant son âme ne désire plus rien d'autre que Dieu. Qui abandonne le monde à son agitation pour se retirer dans le silence en purifiant son cœur voit l'esprit de Dieu reposer sur lui et lui transmettre la paix dans laquelle il trouvera l'énergie créatrice.

Rapportées à cet arrière-plan judéo-grec, les paroles de Jésus résonnent de toute leur actualité. Nous ressemblons à l'homme déraisonnable de Philon qui ne trouve pas le repos faute d'avoir accès à son être véritable. Sur nous semble peser la malédiction de Caïn. Reste à savoir comment trouver la paix véritable auprès de Jésus. « Chargez-vous de mon joug et mettez-vous à mon école, car je suis doux et humble de cœur », nous dit-il (Matthieu 11, 29). Pour accéder à la sérénité, nous devons, en premier lieu, prendre le joug de Jésus sur nos épaules. Joug de la sagesse et de la loi divine qui, libéré de toutes les contingences humaines, est un baume pour l'homme. Joug léger qui, au lieu d'oppresser, conduit à la liberté. Qui entend la parole de Jésus et accède, par lui, au secret du Dieu miséricordieux trouve la paix véritable. Le mot « religion » aurait pour étymologie *religare*, « relier » ; le mot « joug » évoque dans son sens premier la pièce qui relie l'animal à l'attelage ; se relier à Dieu c'est se mettre sous son joug. Seul celui qui, dans son cœur, est relié à Dieu est libéré de toutes les entraves. Il est libéré du joug de l'esclavage qu'il s'impose quand il se rend dépendant de la reconnaissance des autres. Il est libéré du joug de la peur et de toutes les lois qui l'empêchent de vivre.

Il nous faut aussi apprendre que Jésus est bienveillant, humble, doux, aimable et non violent. Il est humble parce qu'il est descendu jusqu'au plus profond de la condition humaine. Douceur et humilité, *prays* et *tapeinos*, sont bien les deux attitudes qui conduisent à la paix. *Prays* désigne l'amabilité et la patience dont Jésus fait preuve même envers les pécheurs. Jésus est humble et doux comme Moïse (voir Nombres 12, 3). Qui apprend de Jésus cette bienveillance, cette douceur envers les autres comme envers soi-même trouve la paix du cœur. Qui, au contraire, est agressif et libère ses passions et ses désirs éveille une énergie négative qui l'empêche de trouver la sérénité. Il se tient en permanence sur ses gardes pour éviter que ses passions ne le dominent et ne l'aveuglent. La bienveillance envers soi et les autres évite la peur de se sentir toujours attaqué et exploité. Se laisser envahir par la douceur, laisser les meules de la vie broyer dureté et rigidité conduit à la paix véritable. Cette douceur est aussi sagesse, c'est savoir goûter au secret de la vie humaine puisque *sapiens* vient de *sapere*, « goûter ». La sagesse, c'est apprendre qu'il ne faut chercher appui qu'en Dieu.

L'humilité aussi conduit à la paix. Dans l'Ancien Testament déjà, douceur et humilité *(prays* et *tapeinos)* sont souvent liées. Le mot grec *tapeinos* veut dire « bas » ; le mot latin *humilis* « bas, près du sol » vient de *humus,* « terre, sol » ; l'humilité serait donc l'acceptation de notre condition terrestre. Avoir le courage de s'accepter comme tel, c'est ne pas s'élever au-dessus de notre état de créature. Être humble, c'est avoir le courage de regarder la vérité en face, c'est abandonner la fière monture des idéaux pour mettre pied à terre afin de se réconcilier avec sa véritable humanité. Ne fuyons pas notre vérité, ne refusons pas de voir notre condition humaine si nous voulons trouver la sérénité.

Voici ce que Jésus nous promet :

> Venez à moi [...] et moi je vous soulagerai [...]. Chargez-vous de mon joug [...] et vous trouverez soulagement pour vos âmes (Matthieu 11, 28-29).

Quand les apôtres se retrouvèrent auprès de Jésus après avoir annoncé la Bonne Nouvelle, Jésus leur dit : « Venez vous-mêmes à l'écart, dans un lieu désert, et reposez-vous [*anapausasthe*] un peu » (Marc 6, 31). Jésus procure le repos à ses disciples en les isolant de la foule, en leur offrant un havre de paix, une pause afin qu'ils puissent s'exprimer et se régénérer. Cette invitation est valable aussi pour nous, aujourd'hui. Jésus nous exhorte à nous éloigner de la foule, à rejoindre un lieu isolé pour nous retrouver nous-mêmes et ne faire plus qu'un avec Dieu. Ainsi la prière est-elle retrait et recueillement. Elle n'est pas qu'isolement et silence mais représente aussi une réalité intérieure. Dans la prière, nous accédons à l'espace intérieur où nous sommes seuls avec Dieu, ne faisant plus qu'un avec lui, avec nous-mêmes et avec la Création entière. Jésus nous procure un havre de paix et nous promet la sérénité de l'âme si nous nous mettons à son école. Il faut d'abord trouver la sérénité de l'âme pour éprouver physiquement le calme. Un cœur tranquille nous permet d'agir en toute quiétude. Même nos mouvements exprimeront le calme intérieur car nous aurons part au repos créateur de Dieu.

3.

Entrer dans le repos du sabbat

La lettre aux Hébreux s'adresse, à la fin du Ier siècle, à des convertis dépités et fatigués, renouvelant la théologie afin de revivifier leur foi. On a longtemps rapproché cette épître de la littérature vétérotestamentaire mais on s'accorde, aujourd'hui, pour reconnaître que son auteur, qui écrit dans un grec excellent, est, à côté de Jean et de Paul, le troisième grand théologien du Nouveau Testament. Il pense en Grec plutôt qu'en Juif et réinterprète les textes de l'Ancien Testament dans le but de montrer aux chrétiens l'importance que Jésus peut avoir pour les réconforter dans une foi qui s'est affaiblie. Ainsi, l'auteur comprend de manière originale le Psaume 95 qui introduit, dans le Livre des Heures, le temps de prière nocturne :

> Aujourd'hui si vous entendez sa voix, n'endurcissez pas vos cœurs comme cela s'est produit dans la Querelle, au jour de

> la Tentation dans le désert [...]. Toujours leur cœur [à cette génération] se fourvoie, ils n'ont pas connu mes voies ; aussi ai-je juré dans ma colère : Non, ils n'entreront pas dans mon repos (Hébreux 3, 7-11).

Le repos divin, dans lequel le peuple d'Israël n'est pas entré, n'est pas celui de la Terre promise mais plutôt celui du sabbat (voir Hébreux 4, 9). Le repos du « septième jour » n'est pas non plus celui de la mort. La lettre aux Hébreux s'exprime en termes spatiaux plutôt que temporels. Le repos sabbatique se situe dans l'au-delà, c'est un lieu que Dieu nous réserve. Jésus, par sa mort, est entré dans ce lieu du repos, nous en montrant le chemin. Par la foi, nous dépassons ce monde et nous prenons part, déjà, à ce lieu du repos céleste. La foi nous élève et nous détache du monde. Elle nous libère de l'anxiété et nous conduit à la paix de l'au-delà. Dans l'épître aux Hébreux, ce lieu du repos n'est pas situé dans le futur, ce n'est pas l'endroit que nous atteindrons après notre mort, c'est un lieu céleste préparé pour nous et que nous habitons dès à présent si nous sommes déterminés dans la foi. Une foi qui « est la garantie des biens que l'on espère, la preuve des réalités qu'on ne voit pas » (Hébreux 11, 1). Dès maintenant, en dépit de l'anxiété, des troubles, des offenses et des blessures, notre cœur empli de foi se trouve en ce lieu qu'habite le Christ. Cet au-delà est aussi un espace intérieur. Cet espace en nous de la paix, du silence, ce sanctuaire dans lequel le Christ est entré, ne laisse pas place à l'agitation du monde et nous donne de participer à la paix divine.

L'épître énumère les attitudes qui rendent impossible l'accès à cet au-delà en nous. Il y a d'abord le durcissement. Le mot grec *sklêros* veut dire « sec, dur, rude, désagréable, renfermé ». Celui dont le cœur s'est endurci, qui n'est pas charitable, qui se plaint sans cesse et se révolte contre la vie, ne peut trouver la voie de son intériorité. Coupé de son être profond, il ne peut que rester à l'extérieur de lui-même. Il ne vit pas en paix avec soi et ne trouve pas le repos. Vient ensuite l'amertume. Le grec *parapikrasmos* signifie « agitation, rébellion, rage, amertume ». Qui est amer se révolte contre lui-même et contre Dieu. L'aigreur bouillonne en lui, ne laissant pas son cœur en paix. Certains portent l'amertume sur leur visage. Ils donnent l'impression que leurs anciennes blessures restent toujours aussi vives. Leur âme est déchirée par ces plaies ouvertes qui refont surface dès que l'occasion se présente, provoquant des remarques acerbes.

Parlons encore de l'égarement et de l'erreur. Le cœur s'égare et prend de mauvais chemins, il vagabonde et se perd. Il s'agit bien là d'un vagabondage « intérieur ». Déchiré, le cœur n'a plus de demeure et va d'une émotion à l'autre, il s'angoisse et ne peut se laisser emplir de l'amour de Dieu. Pour finir, une quatrième attitude empêche de trouver le repos : le mal et l'incrédulité. Le « cœur mauvais » (Hébreux 3, 12) renie Dieu parce qu'il est incrédule, dur et fermé. Il met Dieu à l'épreuve au lieu de se laisser remettre en question par lui. L'auteur de l'épître évoque ici la séduction et la tromperie du péché qui endurcit le cœur humain. Le pécheur se trompe lui-même, c'est ce qui le rend sec et incapable de sentiments. Les anxieux sont souvent insensibles. Ils veulent échapper à l'intensité des sentiments et se fuient eux-mêmes. Ils s'excluent, de la sorte, de la vie. Il n'y a, en effet, pas de vie intense hors des sentiments, sans la capacité d'être tout entier dans l'instant et de jouir du repos et de la paix.

Qui croit pénètre, et dès ici et maintenant, dans le pays du repos. Chaque jour, nous pouvons renouveler l'entrée dans la paix du sabbat. Dieu s'est reposé le septième jour et nous a donné un jour de repos pour participer à l'éternité de sa paix. L'Ancien Testament parle du sabbat éternel de la fin des jours, la lettre aux Hébreux évoque, elle, le sabbat possible « aujourd'hui » pour peu que nous entrions, par notre foi, dans ce « pays du repos ». C'est à tout instant que nous pouvons accéder, par la foi, à cet espace intérieur que Dieu nous a destiné depuis la création du monde. Et c'est par Jésus-Christ que nous y entrons, Jésus-Christ précurseur *(prodromos)* qui nous a précédés dans cette voie.

La lettre aux Hébreux parle aussi du sanctuaire dans lequel le Christ a pénétré « par-delà le voile » de la mort. En ce lieu nous sommes sanctifiés et sauvés. Le péché et le mal ne nous atteignent plus, nous sommes en accord avec Dieu et avec nous-mêmes. Là, nous pouvons vraiment nous sentir chez nous car nous devenons la demeure du mystère, de Dieu lui-même. Seul le grand prêtre a accès au sanctuaire. Les païens, les hommes et les femmes ordinaires, les enfants, les marchands n'y ont pas accès. Les pensées et les sentiments, les passions et les désirs, les soucis et les ennuis, l'agitation du monde et celle du cœur en sont exclus. Dans le sanctuaire, nous sommes seuls avec le Saint. Nous faisons un avec Dieu et avec nous-mêmes, nous sommes réunifiés en Dieu.

Pour l'épître, le chemin de la rédemption est celui que nous a ouvert Jésus-Christ, un chemin vers la sainteté, vers le repos divin éternel. En Jésus-Christ, origine et accomplissement de notre foi, nous sommes déjà dans la paix. Dans la foi et l'espérance en Jésus-Christ, « nous avons comme une ancre de notre âme, sûre autant que solide, et pénétrant par-delà le voile, là où est entré pour nous, en précurseur, Jésus » (Hébreux 6, 19). Nous avançons sur une mer agitée, ballottés par les flots de la vie, mais dans cette traversée incertaine notre âme possède une ancre sûre. Elle est arrimée à l'espace intérieur de la paix, au sanctuaire habité par Dieu et où le Christ nous a précédés.

4.

En chemin vers la sérénité du cœur

LES premiers moines ont cherché cette « ancre sûre », pour s'arrimer à l'espace intérieur, dans le silence. C'était une époque où la chrétienté s'affadissait, où la convergence entre l'État et l'Église commençait à assécher la source de la spiritualité. Comme dans la lettre aux Hébreux, où une nouvelle théologie venait revivifier la foi des chrétiens qui s'étiolait, les moines du désert voulaient se désaltérer à la source de l'Écriture sainte et revigorer, par leur spiritualité, une Église trop attachée aux biens de ce monde. Cherchant à se conformer au commandement biblique : « Priez sans cesse » (1 Thessaloniciens 5, 17), ils développèrent des méthodes de prière silencieuse. Cette prière consistait, pour eux, à s'ancrer au plus profond de leur âme, au « sanctuaire » évoqué dans la lettre aux Hébreux. Ils étaient persuadés que, en nous, existe un espace de silence auquel seul le Christ a accès et qui est la demeure de Dieu. Là, dans cette « chambre » de notre cœur, résonne sans interruption la prière à laquelle nous convie Jésus (Matthieu 6, 6). Cette prière ininterrompue nécessite la sérénité du cœur. Pour cette raison, toutes les méthodes spirituelles des moines visaient à la paix du cœur. Par elles, ils cherchaient à atteindre en eux-mêmes le lieu du silence pour y être en contact permanent avec Dieu.

Des images pour la sérénité du cœur

Les moines, dans leur chemin vers la sérénité du cœur, reprenaient à leur compte des méthodes et des idées pratiquées déjà par les écoles philosophiques grecques. Pour les Grecs, la question la plus importante était de savoir comment parvenir au vrai bonheur. Pour la philosophie, le bonheur ne se trouve pas dans les biens matériels mais « dans un état de calme harmonieux et inébranlable[25] ». Le chemin vers le repos passe par une bonne gestion des affects qui agitent notre âme. Il faut ne pas se laisser ébranler mais canaliser ses émotions pour les mettre au service de la seule aspiration à Dieu. Les Pères de l'Église ont repris aux philosophes stoïciens l'*apatheia* (absence de passions) et l'*ataraxia* (tranquillité inébranlable) qu'ils ont intégrées à la *gnôsis* chrétienne. Ainsi, pour Clément d'Alexandrie, l'idéal de la paix de l'âme n'est accessible que dans l'union mystique avec Dieu. Le chrétien ne peut y parvenir par ses seuls moyens, il lui faut l'aide divine. Évagre le Pontique suit la tradition de Clément d'Alexandrie et d'Origène qui ont tissé des liens entre, d'un côté, la théologie et la spiritualité chrétiennes et, de l'autre, la philosophie grecque. Pour Évagre, le moine a pour objectif la contemplation, la paix en Dieu. L'*apatheia* est le moyen d'y arriver. Toutes les méthodes de l'ascèse monastique visent à atteindre cette *apatheia.* Elle n'est pas élimination des passions mais paix intérieure qu'aucun affect ne trouble plus. Dans l'*apatheia,* le moine est libéré de l'attachement pathologique aux passions (aux *logismoï*). Elles ne l'ébranlent plus puisqu'il les a mises au service de son aspiration à Dieu. Il canalise l'énergie désordonnée des passions en direction de Dieu. Voilà comment peut naître une spiritualité vivante, celle dans laquelle l'homme, utilisant l'énergie de ses affects, s'ancre en Dieu et trouve la voie de la prière ininterrompue et de la sérénité du cœur.

Jean Cassien, qui a rencontré les Pères du désert et qui, dans ses *Conférences (Collationes),* a recueilli leurs leçons pour les Occidentaux, ne parle pas d'*apa-*

theia mais de *puritas cordis*, de « pureté du cœur ». Il s'agit d'un état dans lequel le moine ne laisse plus ses projections souiller son inspiration spirituelle, dans lequel il devient transparent pour Dieu qu'il ne perçoit plus par le biais de fausses représentations. Seul l'esprit de Dieu l'anime. La pureté du cœur est, en fin de compte, identifiable au véritable amour. Par elle, le moine accède à la vraie paix en Dieu que Jean Cassien nomme *tranquillitas animi* ou *imperturbatio*.

Quand Évagre et Jean Cassien font du chemin monastique celui de la paix intérieure, ils répondent à un besoin fondamental de l'être humain, hier comme aujourd'hui. C'est aussi la question essentielle qu'avait soulevée la philosophie grecque depuis Platon et à laquelle elle a répondu, ouvrant des perspectives pour l'Occident. L'aspiration à la paix du cœur ne concerne pas seulement les moines du désert égyptien mais aussi chacun de nous, dans une époque qui nous condamne à la fébrilité et au stress. Comment trouver, au cœur de cette agitation, la sérénité ? Pour les moines, la question de la paix du cœur est celle de leur vocation même. C'est aussi, à mon sens, celle de la réussite de toute vie humaine. Un des apophtegmes des Pères du désert dit ainsi :

> Abba [le père] Poemen dit à abba Joseph : « Dis-moi comment devenir moine. » Il dit : « Si tu veux trouver du repos ici-bas et plus tard, dis en toute occasion : Qui suis-je, moi ? et ne juge personne[26]. »

Être moine est synonyme de « trouver le repos ». Poemen nous indique une double voie pour accéder à cette paix. Il faut d'abord se reposer sans cesse la question de notre identité véritable. Si nous nous posons la question « Et moi, qui suis-je ? », nous renonçons aux images fausses que nous nous faisons de nous-mêmes, nous cessons de nous considérer comme le centre du monde. En effet, l'ego est une source d'anxiété. L'ego est bavard, il se demande s'il plaît, s'il attire l'attention des autres, s'il réussit. Nombreux sont ceux qui n'accèdent jamais à la sérénité parce qu'ils sont obnubilés par leur ego et se demandent en permanence si celui-ci est assez considéré. La question « Qui suis-je ? » me rapproche de mon être véritable, du point d'où je peux vraiment dire « Je ». Ce « moi » reste, en fin de compte, un mystère. J'accède, en lui, à l'image vraie que Dieu s'est faite de moi. Grâce à l'interrogation sur l'identité je suis conduit jusqu'au cœur de mon être, là où nul autre que moi ne peut accéder. Poemen nous montre aussi qu'il faut renoncer à quelque chose que nous faisons trop souvent : juger les autres. Même si nous ne l'exprimons pas, notre cœur s'occupe sans cesse des autres. Juger nous empêche de demeurer en nous. Nous passons notre temps à découvrir chez les autres des défauts pour échapper à notre propre vérité. Et, ainsi, nous n'accédons jamais ni à nous-mêmes ni à la sérénité. Le moine qui s'interroge sur son véritable moi, celui dont le cœur est la source et qui renonce à juger les autres, accède à la paix.

Une conférence sur la sérénité

Beaucoup d'apophtegmes des Pères se réfèrent à la paix du cœur. Je me limiterai ici à quelques-uns des conseils rapportés par Jean Cassien. Disciple d'Évagre le Pontique, l'un des plus grands parmi les théologiens et les moines, Jean Cassien a transmis aux Occidentaux les propos de son maître. Dans les vingt-quatre *Collationes* (« Conférences »), ouvrage très lu au Moyen Âge, il nous fait part de ses rencontres avec les Pères du désert. La dix-huitième conférence concerne plus précisément les voies pour parvenir à la sérénité. Germain, un ami de Jean Cassien, qui interrogeait chaque moine sur son expérience, pose au père Piamun la question suivante :

> Nous voudrions savoir comment s'acquiert et se conserve la tranquillité dont vous parlez. Nous commander le silence, tenir nos lèvres closes et réprimer toute licence de paroles : c'est bien. Mais il faudrait garder aussi la douceur du cœur[27].

Germain pense que l'on peut accéder à cette sérénité uniquement dans la solitude de la cellule. Piamun répond : « La vraie patience et tranquillité ne s'acquiert et ne se garde que par une profonde humilité du cœur. » L'humilité est connaissance de sa propre vérité, de sa médiocrité, de ses passions, de sa part d'ombre. Seul celui qui est prêt à regarder en face sa vérité peut accéder à la paix de l'âme. Aucune méthode ou technique ne peut apporter cette paix, seule l'*humilitas*, le courage de descendre au plus profond de soi, d'accepter sa condition terrestre *(humus)* et son humanité, le permet.

C'est dans des situations où il se trouve provoqué qu'on prend la mesure de la sérénité de quelqu'un. Piamun tente de montrer à ses deux hôtes que tout un chacun peut accéder à cette paix du cœur, même au milieu du monde. Dans cette situation, les défis de la vie quotidienne sont des étapes sur le chemin de la sérénité. Piamun cite ainsi le cas d'une femme d'origine aristocratique qui désirait servir le Christ au cœur du monde. Elle s'enquit auprès de son évêque d'une veuve à servir. Trouvant celle qu'on lui désigna trop douce, elle revint chez l'évêque pour se plaindre. Celui-ci lui indiqua une autre veuve, à l'humeur querelleuse, à servir. Injuriée en permanence par cette maîtresse, la femme distinguée n'en remercia pas moins l'évêque :

> [Celui-ci] lui avait donc procuré [...] une digne maîtresse de patience, dont les continuelles injures l'avaient chaque jour fortifiée, comme l'huile fait les athlètes, jusqu'à la conduire au faîte de la patience[28].

Cette voie peut nous paraître étrange. J'entends souvent des gens se plaindre de ce qu'ils n'arrivent pas à s'immerger dans le silence de la prière, empêchés qu'ils seraient par leur entourage. Alors qu'ils sont assis pour entrer en méditation, les conflits resurgissent aussitôt qui troublent leur recueillement. Jean Cassien a une tout autre vision des choses. La voie vers la sérénité relève, pour lui, du combat. Elle ressemble à l'entraînement de l'athlète. Grâce aux gens difficiles qui nous entourent nous perdons l'illusion selon laquelle la sérénité ne serait qu'un sentiment de bien-être, une agréable tranquillité dans une atmosphère paisible. La paix du cœur est bien plutôt un état intérieur. Lorsque nous ne souffrons plus des attaques de notre entourage nous pouvons dire que nous sommes vraiment parvenus à la paix en Dieu. Les vexations quotidiennes nous contraignent à nous retourner en nous-mêmes, là où personne ne peut plus nous atteindre, dans ce havre de silence habité de Dieu seul.

La véritable paix du cœur nous l'atteignons, selon Jean Cassien, quand nous réduisons au silence nos ennemis intérieurs, « les gens de [notre] famille » (Matthieu 10, 36). En effet, là où « les gens de notre famille » ne luttent plus contre nous se réalise, dans la sérénité, le Royaume de Dieu. Le Royaume de Dieu est en nous quand nous ne sommes plus déchirés par nos passions, nos émotions et nos désirs. Que les offenses des autres ne nous touchent plus est un bon indice de notre sérénité. Jean Cassien se réfère à ce propos à la thèse stoïcienne qui veut que l'on ne soit blessé que par soi-même :

> À bien prendre les choses, un autre homme ne saurait m'atteindre, quelque malice qu'il déploie, si mon cœur inapaisé ne me met en guerre contre moi-même. Suis-je blessé ? La faute n'en est pas à l'attaque d'autrui, mais à mon impatience. Ainsi en va-t-il de la nourriture forte et solide, bonne à qui est en santé, pernicieuse au malade. Elle ne peut faire mal à qui la prend, à moins qu'elle ne trouve dans sa faiblesse la force de nuire[29].

Ce langage est bien différent de celui que l'on entend aujourd'hui. Il est de bon ton de se plaindre de ce que les autres nous privent de la sérénité. Nous nous trouvons toujours une multitude d'ennemis. Nous sommes victimes d'injures, de diffamations, de harcèlement au travail, en bref d'une société malade. Mais, selon Jean Cassien, ces offenses n'auraient pas autant d'effet si nous avions trouvé la sérénité. Accordés à nous-mêmes et réconciliés avec notre part d'ombre, nous ne prêterions pas le flanc aux coups. Nous les prendrions immédiatement pour ce qu'ils sont : l'expression de l'insatisfaction et du mal-être de leurs auteurs. La véritable sérénité, selon la leçon des moines, ressemble au calme au milieu de la tempête. Ancrés en Dieu, aucun coup ne peut nous arracher à la paix.

Combattre la colère

Pour Évagre et pour Jean Cassien, le moine ne peut trouver la sérénité que s'il combat les neuf *logismoï*, les neuf passions, pour en venir à bout. Ce qui ne veut pas dire qu'il doit éliminer ces passions mais qu'il doit les dominer pour les mettre à son service. Elles alimentent alors le feu de sa vie spirituelle. Sans les passions, cette dernière devient ennuyeuse et s'affaiblit. Intégrées, les passions deviennent une source d'énergie vitale. Selon Jean Cassien, le combat contre la colère et pour la chasteté est particulièrement long. L'agressivité et la sexualité sont les deux énergies vitales les plus importantes. La bonne économie de ces deux sources d'énergie décide du fait qu'on réussira sa vie et qu'on parviendra à la paix. Si on ne les intègre pas à l'humanité de l'homme, elles seront toujours des obstacles sur le chemin de la sérénité.

C'était le cas d'une femme qui avait du mal à s'endormir et, une fois endormie, se réveillait à nouveau. Elle ne dormait que quatre heures par nuit et au bout de quelques semaines était totalement épuisée. Elle se plaignait de ne pas pouvoir trouver le calme. Le soir, elle recensait tout ce qu'elle n'avait pas fait. Ces pensées la poursuivaient et la tourmentaient. Il eût été vain de lui recommander une technique de relaxation car il fallait d'abord prendre en compte la résistance qui l'empêchait de trouver la paix. M'entretenant avec elle, je compris qu'elle éprouvait encore une vive animosité contre son père. Celui-ci n'était jamais content. Elle avait d'abord été sa fille préférée puis, quand elle fut en âge de prendre des décisions, il exerça sur elle une domination en la culpabilisant.

Quand il tomba malade, elle devint le bouc émissaire sur lequel il se déchargea de toute son aigreur. L'anxiété est due à des problèmes non réglés. Cette femme devait donc regarder en face les blessures qui avaient marqué son enfance et tirer au clair la relation qu'elle avait eue avec son père aujourd'hui disparu, faute de quoi elle ne trouverait jamais le chemin de la sérénité. Il lui fallait transformer en énergie positive son agressivité. La colère lui permettait de se libérer de l'emprise paternelle. Avant cela, elle restait encore hantée par la figure dominatrice de son père et ne se sentait pas à la hauteur des exigences de la vie. Même devant Dieu elle ne parvenait pas à la sérénité, la relation négative à son père lui ayant transmis l'image d'un Dieu trop exigeant. Elle se sentait sans cesse en dette envers Dieu, en état de péché. Elle ne vivait Dieu que comme obstacle à la paix intérieure. La colère est justement l'énergie qui lui permettait de se débarrasser de l'image négative de son père et de Dieu. Elle créait en elle un espace qui lui ouvrait le chemin de la sérénité.

Rester dans sa cellule

Pour les moines, une manière efficace d'atteindre la sérénité est de rester dans sa *kellion*. Les ermites qui vivaient et travaillaient dans leur *kellion* avaient souvent la tentation de fuir leur solitude pour se rendre utiles en visitant les malades et en aidant les pauvres. Ainsi accompliraient-ils le commandement du Christ. Car, au milieu du désert, pour qui existaient-ils ? Les moines pouvaient, à un moment ou un autre, ressentir comme absurde ce retrait du monde. Pourtant, ils n'en conseillaient pas moins : « Va, assieds-toi dans ta cellule (*kellion*) et ta cellule t'enseignera toutes choses[30]. » Nul besoin de piété, de prières ou de jeûne ! Il suffit de rester dans la cellule et, alors, tout rentrera dans l'ordre. Si j'applique cette maxime, je trouverai ma propre vérité. Si, au lieu de fuir, je choisis de faire face à mes pensées, elles s'estomperont. La *stabilitas* du corps — le fait de s'« asseoir » — produit une *stabilitas* du cœur.

Il existe aujourd'hui d'innombrables possibilités de fuite. Il suffit de prendre sa voiture et de rouler, de s'asseoir devant le téléviseur et de voyager tout en restant entre quatre murs. Ces distractions nous éloignent de nous-mêmes. Pascal critiquait déjà le fait que l'on ne sache « demeurer en repos dans une chambre[31] ». Il voyait dans cette incapacité « le plus grand malheur » de son époque. Que dirait-il aujourd'hui où les possibilités de fuite se sont multipliées par rapport au XVIIe siècle ? Se supporter sans se distraire, sans ouvrir un livre n'est pas si simple ! Ne pourrait-on occuper ce temps à l'étude ou à faire ce qu'on n'a pas eu le temps de faire ? Mais rester dans sa *kellion* signifie décider de ne rien faire, s'arrêter en se sentant sous le regard de Dieu. Alors, nous devenons attentifs à ce qui se passe en nous, à ce qui nous préoccupe. Peut-être ressentons-nous de la colère, de la peur, de l'insatisfaction ? Les moines comparent cet état à celui du pêcheur à la ligne. Celui-ci attend, assis, qu'un poisson morde. Il le sort alors de l'eau. Ainsi en va-t-il du moine qui reste patiemment à l'écoute de son cœur, guettant les pensées et les émotions qu'il en tirera comme le pêcheur les poissons de la rivière. Mais le moine ne se contente pas de « pêcher », il peut aussi se regarder dans l'eau comme dans un miroir. À des visiteurs qui lui reprochaient l'inutilité de sa solitude, un ermite donna une réponse exemplaire. Il les emmena au bord d'un puits dans lequel il jeta un caillou et les invita à se pencher au-dessus de l'eau. Ils ne virent que des vaguelettes. Il leur demanda d'attendre que l'eau se calme et, alors, ils purent s'y mirer. Seul celui qui a le courage de rester dans sa cellule, de contempler, dans le silence, son âme et de se tenir tel qu'il est devant Dieu trouve la voie de la sérénité.

Le gardien attentif

Une autre image est souvent utilisée par les moines pour évoquer la voie de la sérénité : celle du gardien. Évagre exhorte, dans une lettre, un moine de ses amis à être un gardien attentif :

> Sois le gardien de ton cœur et n'y laisse entrer aucune pensée sans l'interroger ! Demande à chacune d'entre elles : « Es-tu des nôtres ou es-tu une adversaire ? » Si elle fait partie de ta maison, elle t'emplira de paix mais si elle est ennemie elle suscitera ta colère et excitera tes désirs.

Le moine doit donc filtrer ses pensées et ne laisser entrer dans la « maison » de son esprit que celles qui lui seront bénéfiques. Il pourra ainsi protéger sa maison des occupants, d'ennemis qui risqueraient de la mettre sens dessus dessous. Dans la maison de l'esprit ne peuvent pénétrer que des pensées qui plaisent à Dieu et ne nuisent pas à l'homme. Ainsi le moine conservera-t-il la paix intérieure. Il restera maître chez lui, sa maison restant ouverte à Dieu.

Les moines nomment aussi cette attitude traduite dans l'image du gardien *nepsis*, « attention », « vigilance », « examen des pensées et sentiments ». La *nepsis* est essentielle sur le chemin de la sérénité. Vigilant dans tout ce que je fais, aucun trouble ne peut me déstabiliser. Je suis chez moi et nul ne peut m'en chasser. Être chez soi, être sans cesse vigilant, être éveillé et attentif à tout ce qui advient sont les voies éprouvées par les moines pour atteindre la paix.

Une autre voie conduit à la sérénité qui passe par les soucis auxquels doit faire face le moine. Le père Poemen conseillait ainsi à un moine qui cherchait, en vain, le repos :

> Va et recherche la foule ! Tiens-toi au milieu d'elle, vis comme quelqu'un qui n'existe pas et dis-toi : « Je suis sans souci. » Alors, tu trouveras la plus grande des sérénités.

Les moines nomment aussi la sérénité, non sans raison, *amerimnia* (insouciance, libération de tout souci). Poemen recherche cette absence de souci d'une façon bien particulière : il faut être, au milieu des hommes, sans « exister », sans faire partie du groupe, être comme étranger, appartenir au ciel autant qu'à la terre. Lorsque nous prenons conscience de l'existence en nous de quelque chose qui dépasse ce monde, alors nous pouvons, au cœur de l'agitation, garder le calme. L'affairement qui nous entoure ne nous concerne plus vraiment. Si nous ne nous situons plus par rapport à la réussite ou à l'échec, à la reconnaissance ou au rejet mais par rapport à Dieu, alors nous pouvons, malgré nos responsabilités professionnelles, rester sereins.

La sérénité a pour but le souvenir de Dieu *(prosochê)* et le fait de penser sans cesse à lui *(mneme tou theou)*. Ce qui se traduit, dans la prière du cœur, par l'invocation, sur chaque respiration, du nom de Jésus-Christ. La sérénité n'est pas un but en soi, elle permet au moine de prier toujours et partout, d'être complètement orienté vers Dieu et de ne faire qu'un avec lui. C'est un thème essentiel chez Évagre. Pour lui, la contemplation signifie que le moine abandonne pensées et soucis, y compris les représentations qu'il a de Dieu. Ce n'est que dans le silence absolu qu'il peut entrer en union avec Dieu et faire l'expérience de la prière comme le plus beau des cadeaux divins.

> Quoi en effet de plus élevé que de converser avec Dieu et d'être abstrait dans son intimité ? La prière sans distraction est la plus haute intellection de l'intelligence[32].

Pour Évagre, la sérénité du cœur, la prière et la contemplation ne sont qu'une seule et même chose. Le moine suit son chemin afin de pouvoir prier dans la sérénité du cœur et, ainsi, ne faire qu'un avec Dieu.

L'enseignement d'Évagre fut introduit dans l'Église latine par Jean Cassien, l'un des principaux témoins, selon saint Benoît, du monachisme occidental. Benoît fonda la communauté monastique de Monte Cassino pour laquelle il écrivit une règle. Dans le dernier chapitre de cette règle, il recommande expressément les œuvres de Jean Cassien, les *Conférences* et les *Institutions cénobitiques*, et les nomme « instruments des vertus » (*Règle*, § 73). Saint Benoît met en avant dans sa règle la voie qui conduit à la prière intérieure. Au XIXe siècle, on ne voyait en saint Benoît qu'un inspirateur de la liturgie. Pourtant, il est d'abord celui qui a transposé les enseignements du monachisme oriental dans une communauté occidentale, faisant preuve dans cette entreprise d'une grande intelligence psychologique et d'un sens aigu de la mesure, ne demandant à chacun que ce qu'il peut donner. C'est pour cette raison que la règle de saint Benoît s'est imposée en Occident, marquant notamment le Moyen Âge. Je voudrais m'intéresser maintenant aux thèmes de la sérénité et de l'intranquillité de l'âme.

5.

Sérénité et intranquillité

Dans le prologue de sa *Règle*, saint Benoît reprend l'interrogation du prophète : « Seigneur, qui habitera dans ta demeure et qui reposera sur ta montagne sainte ? » Il emploie, en latin, le mot *requiescet*. *Requies* signifie « calme, pause, repos ». Pour Benoît, la voie monastique est celle qui conduit au repos sur la montagne de Dieu. Elle est le repos en Dieu. Mais ce chemin suppose un combat pour se conformer à l'Écriture. Les premiers pas dans cette lutte apparaissent souvent bien durs au moine. Il doit passer par la porte étroite du commandement divin. « Le cœur se dilate et l'on court sur la voix des commandements de Dieu avec une douceur d'amour inexprimable[33]. » La sérénité, telle que Benoît la comprend, n'est pas l'inaction, la paresse, mais la paix d'un cœur qui s'ouvre et se dilate. Le moine qui a suivi le chemin des commandements, qui a vaincu ses passions, atteint la paix du cœur. Le cœur se dilate parce que, désormais, Dieu lui-même en a fait sa demeure. La sérénité n'est pas l'autosuffisance par laquelle le moine se couperait du monde, mais une paix qui invite aussi ceux qui la cherchent à se mettre en chemin vers la montagne de Dieu. C'est une sérénité créatrice dont bénéficient aussi ceux qui vivent à proximité du cloître. Elle devient source de bénédiction pour tous ceux à qui le monastère offre l'hospitalité.

Au Moyen Âge, les moines décrivaient leur vie essentiellement comme *otium* et *quies*. Leur vie au monastère était *otium*, c'est-à-dire la paix intérieure, condition nécessaire à la sagesse. La sérénité qu'ils vivaient était l'anticipation de celle que nous réserve le ciel. Le moine était essentiellement *otiosus*, quelqu'un d'inoccupé, de libre pour Dieu *(vacans deo)*, contrairement à l'homme dans le monde qui est *negotiosus*, occupé à mille choses. Être libre pour Dieu, jouir de la sérénité auprès de Dieu, être inoccupé : c'est là ce que les moines médiévaux mettaient au centre de leur vie. Cette sérénité se réalise dans le faire, l'action, et c'est pour cela que Benoît exige la paix intérieure tout particulièrement de l'abbé et du cellérier, les deux personnes qui dirigent le monastère.

Du cellérier, Benoît exige qu'il ne soit pas agité *(turbulentus)*, qu'il soit sage et raisonnable et qu'il ne gêne pas ses frères. Dans l'accomplissement de sa tâche, il doit aussi se soucier de lui-même et ne pas se dépasser afin de pouvoir assumer sa fonction avec *aequo animo*, sérénité. Ces exigences vis-à-vis du cellérier pourraient tout à fait être transposées aux managers d'aujourd'hui. Il arrive trop souvent dans les entreprises que les dirigeants, intérieurement tiraillés, ne répandent autour d'eux qu'agitation et stress. Ne dominant pas leurs émotions, ils transmettent à leurs collaborateurs le désarroi. Si Benoît exige autant du cellérier, c'est pour qu'il soit capable de diriger la communauté de telle sorte que « personne ne soit troublé *(perturbetur)* ou peiné dans la maison de Dieu[34] ». Respirant la paix, il peut la répandre autour de lui et, ainsi, servir les autres. Nombreux sont ceux qui souffrent aujourd'hui à cause de leurs supérieurs trop stressés. Celui qui est agité a perdu son centre car il se laisse constamment déterminer par l'extérieur. Il se laisse absorber par tout conflit sans pouvoir prendre du recul et le résoudre. Au lieu d'être agité, l'économe doit posséder l'équanimité de l'âme et assumer sa tâche avec sérénité *(aequo animo)*. La sérénité est un des buts de la philosophie stoïcienne. L'être humain doit être calme, placide, libre de ses affects et de ses émotions. De lui doit émaner le calme intérieur. Ce n'est que par la sérénité et la paix intérieure que le cellérier peut s'occuper de ses frères et répondre à leurs désirs, fussent-ils démesurés, respectant chacun pour lui-même. Ce qui compte pour Benoît n'est pas tant le succès économique que le respect de chaque individu et le climat de paix qui règne dans la communauté. La tristesse est cause d'agitation, d'anxiété. Si l'économe traitait ses frères de haut, il les contrarierait, les troublerait et cette agitation porterait, à son tour, préjudice à sa propre fonction. Il ne peut gérer le monastère de façon efficace que s'il crée parmi les frères un climat de respect. Ainsi, les recommandations de la règle de saint Benoît pourraient être matière à réflexion dans les séminaires de cadres dirigeants et leur ouvrir de nouvelles perspectives.

Le véritable guide du cloître est l'abbé. Benoît exige de lui aussi qu'il accomplisse sa fonction dans le calme et la sérénité. Il énumère les attitudes qui font obstacle à cette paix. Il dit de l'abbé : « Il ne sera pas agité et inquiet, il ne sera pas excessif et obstiné, il ne sera pas jaloux et soupçonneux à l'excès car il ne serait jamais en repos » (*Règle* 64, 16). L'angoisse ici évoquée peut être la peur du jugement des autres. Ainsi après chaque conversation nous demandons-nous peut-être si nous avons bien employé les mots justes, si l'autre ne risque pas d'être déçu, s'il n'a pas remarqué notre manque d'assurance et de clarté. Nous sommes toujours sous l'emprise de la peur, elle empêche le véritable repos. Le deuxième obstacle au calme est l'agitation, *turbulentus*. La personne est alors sous l'emprise de ses passions, n'est plus elle-même, est assaillie par de multiples pensées et déterminée par des émotions diverses qui lui viennent de l'extérieur. C'est justement ce qui arrive à l'abbé, confronté aux pensées négatives de ses frères et qui, entraîné par ces sentiments troubles, ne peut plus diriger.

Une autre raison de l'intranquillité est la démesure. Celle-ci caractérise l'homme d'aujourd'hui : il ne trouve pas de limites à ses besoins et ses désirs, il veut toujours plus et ne trouve aucune satisfaction dans ce qu'il obtient. Il ne peut jouir de l'instant, il anticipe toujours et imagine sans cesse de nouvelles stratégies pour s'enrichir, pour progresser dans sa carrière professionnelle. Il ne peut se satisfaire de sa nouvelle maison car il constate que celle de son ami est mieux aménagée. Il ne jouit pas non plus de ses vacances puisqu'il pense déjà à la destination qu'il pourrait choisir pour l'année suivante.

L'étroitesse d'esprit est le quatrième obstacle sur le chemin de la sérénité. L'*obstinatus* est têtu, imperturbable, il s'accroche fermement à la décision qu'il prend et refuse d'en changer. Il ne cède pas, ne fait aucune concession. L'étroitesse d'esprit, que l'épître aux Hébreux appelle « endurcissement », pousse à se mettre en colère contre tout ce qui sort du cadre étroit de nos principes. À première vue, le refus de tout mouvement, de tout changement apparaît comme propice au calme. En fait, c'est le contraire qui est vrai. Toute décision claire et nette semble apporter la tranquillité de l'esprit mais les circonstances extérieures, non prises en compte, peuvent au contraire entraîner le tourment. Des pensées divergentes viennent troubler l'esprit.

La jalousie constitue un autre obstacle pour atteindre la paix intérieure. Goethe a défini la jalousie *(Eifersucht)* comme une passion qui cherche *(sucht)* avec ardeur *(Eifer)*, ce qui provoque la souffrance. Celui qui cède à la jalousie sait bien à quel point elle peut le harceler. Il a beau se convaincre de la fidélité de sa femme, s'il imagine qu'elle parle avec un autre homme la raison ne peut venir à bout de son inquiétude. Il se tourmente jusqu'à ce qu'elle rentre à la maison. Il en va de même pour la femme qui sait son mari en compagnie de sa charmante secrétaire. Malgré ses efforts pour lui faire confiance, la jalousie la tourmente.

Le soupçon est le sixième obstacle sur la voie de la sérénité. « Soupçonneux » vient du latin *suspiciosus*, composé à partir de *sub*, mouvement de bas en haut, et *spicere*, regarder. Épier, observer attentivement, a la même racine indo-européenne : *spek*[35]. Soupçonner, c'est être à l'affût de celui qui pourrait me nuire. Le soupçonneux a une mauvaise opinion d'autrui, il nourrit des craintes vis-à-vis des autres, s'en méfie et n'attend rien d'eux. Cette méfiance est source de tourment puisqu'elle oblige le soupçonneux à se tenir en permanence en alerte.

L'abbé doit se garder de ces six attitudes négatives, faute de quoi il ne parviendra pas au calme nécessaire pour diriger une communauté de moines. Mais comment trouver cette paix ? Benoît lui-même n'en dit rien. Nous pouvons trouver la voie grâce à la tradition monastique que suit Benoît. Voie de la confrontation avec les neuf *logismoï*, avec les multiples pensées et sentiments. Si nous prenons conscience et acceptons nos passions, alors nous cessons de projeter sur les autres nos désirs réprimés et nos angoisses. Si nous nous réconcilions avec nos passions, nul ne peut nous arracher à notre paix intérieure. Nous sommes alors « chez nous », en accord avec nous-mêmes, rien d'humain ne nous est étranger. Nous ne nous laissons pas décontenancer par l'agressivité et l'inimitié des autres. Nous avons même confiance dans la nature fondamentalement bonne de ceux qui nous provoquent. Cette confiance nous permet d'accéder à la sérénité y compris au sein d'une grande communauté. Quand nous cherchons à surveiller les autres, craignant qu'ils manquent de maturité ou n'obéissent pas à la règle, nous alimentons notre propre inquiétude. Nous nous sentons obligés d'être aux aguets afin que rien de négatif ne se passe dans la communauté ou dans l'entreprise. Et c'est justement par cette méfiance, cette surveillance que nous allons mettre en route des mécanismes qui vont contourner cette surveillance. Nous n'arrivons ainsi jamais à notre but et nous nous éloignons de la sérénité.

Pour Benoît, la sérénité n'est pas un état dans lequel le moine s'enfermerait sur lui-même et ne s'ouvrirait qu'à Dieu. Elle est bien plutôt la condition d'une action efficace, d'une façon fructueuse de diriger. Ce n'est que dans l'action que l'on mesure si quelqu'un a vraiment atteint le calme intérieur. La sérénité dans l'action, dans la responsabilité, dans l'attitude face aux conflits de la vie quotidienne est, pour Benoît, la seule véritable sérénité. Benoît n'est pas seulement celui qui a transposé en Occident la voie monastique orientale, il est aussi un guide qui peut montrer le chemin vers la sérénité du cœur aux hommes d'aujourd'hui, à ceux qui vivent dans le monde.

Beaucoup de ceux qui ont des responsabilités — dans l'économie, dans la société ou dans l'Église — aspirent à garder, au milieu des turbulences, leur calme intérieur pour accomplir leur tâche. Agir dans la paix est le programme qu'annonce le « *Ora et labora* » bénédictin. Je remarque par exemple des différences sensibles si je me laisse déterminer de l'extérieur par les problèmes que je rencontre dans l'administration de l'abbaye plutôt que de réagir aux conflits auxquels je suis confronté en prenant appui sur mon espace intérieur, source de sérénité. Si je me laisse entraîner dans les conflits, ils me paralysent, brisent mon élan. Je me perds dans les problèmes sans trouver de solution. Si, au contraire, j'envisage ces problèmes sereinement, il me vient plus facilement des idées pour sortir de l'impasse.

Le programme bénédictin ouvre, à mon sens, la voie à des réponses au stress contemporain, permet de garder le calme et, ainsi, de pouvoir agir en ce monde de manière plus efficace. Les débats télévisés entre hommes politiques ou entre dirigeants d'entreprise offrent rarement l'image de ce calme intérieur. Les intervenants réagissent en général de façon agressive aux critiques car chacun cherche à s'affirmer aux dépens de l'autre. Rares sont les êtres humains qui parlent de façon sereine sans se sentir contraints de devoir sortir vainqueurs de la discussion. Rares sont ceux de qui émane la liberté intérieure. Bien plus nombreux sont les visages stressés, agités, tendus. Et ainsi, peu de discussions peuvent aboutir véritablement.

6.

Le cœur inquiet

BENOÎT puise, en dehors de celle de Jean Cassien, dans l'œuvre d'Augustin. Augustin a suivi un chemin très tortueux. Partout il a cherché la vérité, à chaque fois il en est sorti déçu. Sa quête ne cessa que lorsqu'il rencontra Dieu tel que le décrit la Bible. « Notre cœur est sans repos jusqu'à tant qu'il repose en toi [Seigneur] », nous dit-il dans ses *Confessions*. Augustin sait d'expérience que Dieu nous a créés pour que nous retournions à lui et que nous ne trouvons la paix qu'en lui. Seul Dieu peut étancher notre soif. L'homme est essentiellement un être qui « aspire ». Il aspire au succès, à la possession, à l'amitié, à l'amour. Mais ces multiples aspirations ne sont que des succédanés à l'aspiration véritable : celle de Dieu, de la vraie patrie, de l'amour et de la sécurité absolus. Augustin lui-même a connu cette aspiration profonde :

Qui me donnera de reposer en toi ? Qui me donnera que tu viennes dans mon cœur, que tu l'enivres, que j'oublie mes maux et que je t'enlace, toi, mon seul bien ?

À quoi il répond lui-même :

Notre cœur est sans repos jusqu'à tant qu'il repose en toi [Seigneur][36].

Les *Confessions* sont le premier livre théologique où l'auteur parle de lui-même. Cette subjectivité en fait un livre moderne. Augustin examine précisément les mouvements de son âme, son inquiétude, la profonde aspiration à Dieu qui l'emplit par-delà cette inquiétude. Augustin est moderne parce qu'il croit que tout homme, même celui qui au premier abord n'est pas religieux, aspire fondamentalement à Dieu. Son mobile essentiel, qui fait qu'il cherche en permanence ce qui le rend heureux et satisfait, est cette aspiration à Dieu. L'un se donne passionnément à une association, un autre cherche de toutes ses forces à accroître ses biens, un autre encore tombe souvent amoureux d'une nouvelle femme, un dernier se bat pour de meilleures conditions de vie : chacun est, en fait, déterminé par cette même aspiration à Dieu. À bien analyser ce qui nous anime vraiment quand nous désirons plus de biens, l'union sexuelle, des vacances bien remplies, il nous apparaît bientôt qu'aucun bien, aussi grand soit-il, qu'aucune femme, aussi belle soit-elle, qu'aucunes vacances, aussi merveilleuses soient-elles, ne peuvent satisfaire notre désir. Ce n'est que lorsque nous reconnaissons que Dieu est le but de notre aspiration que nous parvenons à la sérénité dans notre quête infinie du bonheur. Augustin sait exprimer cette nostalgie par des images variées : aspiration à une vie comblée, au bonheur, à la joie véritable, au pays natal.

L'être humain qui réprime son aspiration la remplace par la dépendance. Celle-ci le pousse à trouver toujours de nouvelles satisfactions à ses désirs : consommation d'alcool, de drogues, surinvestissement dans le travail. L'inquiétude et l'angoisse sont liées à cette dépendance qui rend l'être humain insatiable. Elle est l'expression d'un attachement très fort à la mère nourricière. Chacun aimerait avoir constamment sa mère auprès de lui puisqu'elle comble tous ses désirs. Mais le calme que l'enfant trouve dans les bras de sa mère, le dépendant ne le retrouve pas dans un ersatz de mère. Ce dernier est, au contraire, sans cesse tourmenté. Il culpabilise de se voir dépendant de sa mère sans pouvoir s'en libérer pour autant. Il se reproche l'alcool mais ne peut s'arrêter de boire. La dépendance est un cercle vicieux qui entraîne l'homme de plus en plus rapidement jusqu'à le jeter à terre. Comment sortir de ce cercle ?

Pour Augustin, le chemin vers la paix consiste à prendre conscience de sa propre aspiration et de retransformer ses propres dépendances en véritable aspiration. L'aspiration nous apprend qu'existe en nous une source qui vient d'au-delà du monde et le dépasse. Conscients de cette aspiration, nous pouvons alors accepter ce qui est, nous défaire des illusions, source d'insatisfactions. Quand bien même notre vie reste imparfaite, nos souhaits inexaucés, nous savons que Dieu seul peut nous combler. Si nous ressentons en nous cette aspiration vers Dieu comme l'aiguillon qui nous maintient en vie, alors nous pouvons tout relativiser. Que nous ayons ou non du succès n'est plus décisif, que nous soyons ou non satisfaits dans notre travail n'a plus autant d'importance. Nous pouvons considérer tout cela avec détachement puisque nous avons trouvé en nous un point qui dépasse ces préoccupations quotidiennes. Ce point est le lieu de paix qui permet de traverser les turbulences de la vie. Il nous libère de l'inquiétude qui nous fait, dès ici-bas, rechercher l'accomplissement de nos désirs. Sachant que seul Dieu peut combler cette très profonde aspiration, nous pouvons, calmes et sereins, dire oui à la vie telle qu'elle est, avec ses hauts et ses bas, ses limites et ses obstacles.

7.

Comment trouver la sérénité aujourd'hui

La tradition spirituelle a développé de nombreuses méthodes pour nous aider à trouver la paix, la sérénité. Pourtant, le but premier de ces méthodes n'était pas la paix mais la prière. La préoccupation des maîtres spirituels était de trouver comment prier afin de ne faire plus qu'un avec Dieu. Pour Évagre, le but le plus élevé était de prier sans se laisser distraire. Pour réussir il faut que les passions, les désirs et les pensées ne nous troublent plus. Mais cela ne peut se faire par une simple décision de la volonté. Un long processus spirituel est nécessaire pour accéder à cet état de paix. Pour les premiers moines déjà il était important d'appliquer de bonnes méthodes. Évagre estime que celui qui combat sans méthode le fait en vain. C'est pour cela que les Pères spirituels ont accordé tant d'importance à la méthode. Elle doit prendre en compte la psyché humaine et en connaître les lois.

Certes, au cours des siècles, des chemins obscurs ont fait violence à l'être humain. Pourtant, la véritable tradition spirituelle s'en est toujours tenue à des voies qui ont conduit l'homme à la vie, à la liberté et à la paix intérieure.

Même s'il existe un grand nombre de chemins éprouvés par la tradition, il n'y aurait pas de sens à les emprunter tous à la fois. Chacun doit trouver pour lui-même le chemin qui lui est approprié à un moment donné. Il doit pourtant se garder de passer d'une méthode à l'autre car il ne peut atteindre le but qu'en suivant une voie de manière conséquente. Mais nous ne devons pas nous rabattre sur telle ou telle méthode du seul fait qu'elle a fait ses preuves. Il nous faut encore avoir l'intuition de ce qui est bien pour nous aujourd'hui. Nous devons rechercher dans notre propre tradition comme dans notre vie les chemins qui conduisent à la paix et à Dieu. À la personne que j'accompagne spirituellement, je demande toujours où et à quel moment elle s'est sentie le mieux dans son enfance, à quel moment elle a pu jouir de l'instant en s'oubliant totalement. En réfléchissant, cette personne pourra trouver le chemin qui la conduira aujourd'hui à elle-même, l'aidera à atteindre la sérénité et à s'ouvrir à Dieu. Il faut faire se rencontrer la voie de la tradition et celle que l'on trouve soi-même spontanément.

Méditer

La voie classique pour trouver le calme est la méditation. La méditation chrétienne, pratiquée depuis le IIIe siècle, lie le rythme de la respiration à une parole. L'attention portée à la respiration oriente la conscience vers la vie intérieure et, ainsi, fait naître le calme. Aussi longtemps que nous restons dans l'intellect, nous sommes inquiets : d'innombrables pensées s'y agitent. En expirant, nous pouvons imaginer rejeter toutes ces préoccupations et au bout d'un moment nous trouvons le calme. Nous pouvons alors relier la respiration à une expression : par exemple, en inspirant : « Regarde », et en expirant : « Je suis auprès de toi ». Parole que Dieu nous adresse comme il l'a fait à Isaïe. Pour cette méditation, il est inutile de nous concentrer. Il suffit de prononcer ces paroles sans réprimer nos pensées et nos sentiments. Au lieu de ruminer ces pensées nous faisons entrer en elles la respiration et la parole prononcée. Les pensées se transforment alors et perdent leur capacité de harcèlement. Même si elles ne cessent de refaire surface, nous restons calmes devant leur flux et reflux. Nous sommes ancrés grâce à cette parole liée à la respiration. Cet ancrage protège la fragile embarcation de notre cœur des assauts que lui portent les vagues de nos pensées.

L'autre voie consiste à ne pas prêter attention à nos pensées mais à concentrer notre esprit sur la parole. Nous laissons notre esprit descendre l'échelle de la parole jusqu'à ce qu'il atteigne le lieu intérieur du silence. Nous mettons dans la parole et l'expiration notre aspiration entière au repos sabbatique divin. Il se peut que la parole et le souffle nous portent un instant là où tout est silence en nous, là où nos cogitations trouvent le calme. Les mystiques sont convaincus qu'il existe en nous un espace de silence où Dieu habite. Les pensées et les sentiments, les projets et les réflexions, les passions et les blessures n'y ont pas accès. Les autres, avec leurs attentes et leurs exigences, n'y ont pas accès non plus. Cet espace de silence n'est pas à créer, il préexiste en nous. Mais bien trop souvent nous en sommes séparés. La méditation permet de renouer avec cet espace intérieur. La tête peut continuer à s'agiter, les pensées à vagabonder, mais, en profondeur, règne une paix dans laquelle nous pouvons nous laisser glisser. Ken Wilber compare la méditation à une plongée sous-marine. En surface, la mer reste agitée, mais plus nous descendons et plus le calme est grand. La méditation est une plongée dans le calme intérieur, enfoui au fond de notre cœur.

L'expression « trouver le calme » veut bien dire que le calme est déjà là, que nous n'avons pas à le créer. La méditation est la voie qui nous conduit à ce calme, à ce lieu intérieur.

Méditer ne veut pas dire que nous devons être calmes en permanence mais que nous devons éviter le stress. La méditation n'a rien à voir avec la concentration. Les pensées continuent à surgir, nous ne pouvons pas en arrêter le mouvement mais, si nous ne nous en soucions pas, si nous atteignons les profondeurs de notre âme grâce à la parole et à la respiration, il est possible que nous trouvions la paix. Nous sentons alors que nous touchons à notre essence même. Nous sommes tout entiers là, en nous, en Dieu. Nous sommes au cœur du silence et de la paix, inaccessibles, intouchables. Si, l'instant d'après, les problèmes resurgissent, rien ne sert de se mettre en colère. Car nous savons qu'au plus profond de nous existe un espace inaccessible à ces problèmes, un lieu où nous sommes vraiment. Dieu nous libère de l'inquiétude, du jugement des autres, de leurs attentes et de leurs attaques. Il nous suffit de ces quelques instants, pendant lesquels nous ressentons en nous cet espace intérieur, pour croire en son existence et pour nous sentir protégés des agressions extérieures pour le reste de la journée.

Emprunter les chemins du corps

Les premiers moines savaient que, parfois, il ne sert à rien de s'asseoir pour méditer. Ils conseillaient à celui qui est tourmenté par ses passions de faire d'abord plusieurs fois le tour de sa cellule. Lorsque nous sommes trop préoccupés, mieux vaut d'abord chasser l'inquiétude par une longue promenade ou une randonnée en forêt. Par la marche, nous pouvons nous libérer de ce qui nous préoccupe. Le philosophe danois Søren Kierkegaard a pu montrer qu'aucun souci ne résiste à la marche. Mais la marche ou la course pratiquées pour la performance ne nous délivreront pas de nos préoccupations. Nous devons nous abandonner complètement au mouvement car il absorbe les va-et-vient de nos pensées. Si, après une promenade, nous nous asseyons pour méditer, nous trouvons plus facilement le calme. Dans notre monde particulièrement stressant, nous avons besoin de pratiques corporelles pour chasser l'inquiétude. La marche, le jogging, le jardinage peuvent nous aider à décompresser.

Le training autogène et l'eutonie conduisent au calme en empruntant aussi des chemins qui passent par le corps. Dans ces deux méthodes, nous tentons de déplacer la conscience vers le corps. Le training autogène utilise l'autosuggestion. Nous imaginons, par exemple, combien notre bras droit est chaud et lourd, combien notre corps devient pesant, et, par le calme apporté à notre corps, nous arrivons à apaiser notre inquiétude. Pour beaucoup, le training autogène est un moyen efficace pour se « débrancher » des préoccupations professionnelles. Dans l'eutonie, nous prenons conscience des tensions qui se sont accumulées en nous. En laissant notre souffle se répandre jusque dans les parties les plus tendues de notre corps, nous pouvons nous détendre. Les contractions corporelles expriment toujours des tensions psychiques, des contraintes que nous nous imposons, des pressions, des crispations. Par la « bonne tension » *(eutonia)* du corps nous arrivons à l'équilibre de l'âme. L'inquiétude cède la place à une paix créatrice.

Pour moi, le chemin de la pratique corporelle signifie aussi exprimer par des gestes, devant Dieu, ce qui me tourmente. Parfois, je suis assis et trop inquiet et, en me concentrant sur ma respiration, je ne parviens pas au calme. Ce qui m'aide, alors, c'est d'élever mes mains en forme de coupe et de mettre toute ma conscience dans mes mains. Ce geste m'apaise car il m'éloigne de mon intellect. Si je suis tout entier dans mon geste, l'agitation intérieure cesse. Nul besoin de penser ou de prononcer des paroles pieuses : je ne suis que dans ce geste. Je peux donc entrer en relation avec Dieu par ce geste des mains ouvertes. Mon être tout entier est rassemblé dans mes mains. Par les gestes de ses mains on peut reconnaître l'essence d'un être humain. Dans ce geste, je peux tendre vers Dieu tout ce qui est en moi. J'ai alors le sentiment que Dieu le reçoit et que je suis porté par lui.

Parfois, j'ai envie de faire un autre geste, celui de la croix. Lorsque je marche dans la fraîcheur matinale, en été après la prière, je mets les bras en croix sous le soleil levant. Je me sens alors ne faire qu'un avec la Création, avec moi-même, avec Dieu, avec tous les hommes. Il n'existe plus de séparation en moi entre le ciel et la terre, entre l'esprit et l'instinct, entre la spiritualité et la sexualité. C'est, pour moi, une expérience d'une grande profondeur. Si je ne peux provoquer cette expérience comme par magie, je peux au moins, en mettant les bras en croix, pressentir parfois ce que c'est que faire un avec le tout.

Dialoguer avec son inquiétude

Certains, tout en se donnant du temps pour trouver le calme, se plaignent de ne pas y arriver. Ils voudraient prier ou méditer mais ils croulent sous les assauts de leurs pensées. La tradition monastique conseille dans ce cas d'examiner de façon approfondie ses pensées, de se concentrer sur elles car elles sont l'expression de nos propres problèmes. Si nous les prenons en compte et les mettons devant Dieu, nous accédons peu à peu au calme et nous pouvons alors prier. Si surgit l'animosité que nous ressentons pour un collègue, nous pouvons tenter d'analyser cette colère. Et si elle persiste malgré les essais de méditation, elle sera peut-être l'aiguillon qui nous conduira à changer quelque chose à la réalité. Nous pouvons, par exemple, nous rapprocher de ce collègue et élucider avec lui les causes de ce conflit. Nous pouvons aussi prendre plus de distance afin qu'il ne nous tourmente plus avec ses problèmes. Si surgit la tristesse, le regret de ce que nous n'avons pas vécu, nous devons l'envisager pour, la traversant, trouver le calme. Cela peut être très douloureux mais ce n'est qu'en traversant cette douleur que nous parviendrons à la paix véritable. Si nous feignons d'ignorer cette tristesse, elle nous rattrapera ou se traduira par une insatisfaction ou une inquiétude diffuse.

D'autres estiment que les pensées qui surgissent en eux et qui les empêchent de prier vraiment ou de trouver la sérénité n'ont aucune importance. Ils croient qu'elles ne gênent pas leur prière. Mais il est pourtant essentiel de percevoir malgré tout ces pensées superficielles car elles sont aussi une part de nous-mêmes, nous avons aussi un côté superficiel et banal. Par exemple, puisque nous tenons à des choses extérieures, nous pourrions nous demander pourquoi ces choses ont tellement d'importance pour nous. Nous pourrions aussi nous interroger pour savoir qui nous cherchons à éviter dans cette superficialité. Peut-être découvrirons-nous alors ce qui nous est si désagréable et mettrons-nous le doigt sur notre problème véritable. Tout ce qui émerge dans le silence a un sens. Nous devons le considérer sans le juger mais l'interroger afin de découvrir de quoi il est le masque. Parfois l'intranquillité est le signe que cette façon de méditer ne nous correspond pas, que nous ne pouvons la faire nôtre. Elle peut signifier aussi que nous n'avons pas atteint le but et que nous devons chercher une forme de prière plus adéquate. Elle peut indiquer encore que nombre de nos problèmes sont loin d'être réglés et qu'il nous faut les examiner. Ces pensées superficielles ne sont peut-être que le couvercle que nous posons sur notre volcan intérieur faute d'avoir le courage de l'affronter.

Une femme qui se plaignait à moi de perdre son temps quand elle priait, occupée qu'elle était par mille choses vaines, cherchait un « truc » pour arriver à se concentrer dans la prière. Elle voulait que ce « truc » résiste au jugement de son Surmoi. Sa recherche dura longtemps, jusqu'à ce qu'elle soit capable de reconnaître, par-delà ces pensées superficielles, ses véritables désirs et tous les manques de sa vie. Cela l'empêchait de prier et c'est tant mieux car, lorsqu'elle a regardé sa propre vérité en face, sa prière et sa vie sont devenues plus authentiques. Elle s'est enfin libérée du corset dont elle s'était revêtue pour cheminer spirituellement. Elle voulait se débarrasser de son inquiétude mais il lui fallut d'abord l'accepter pour pouvoir accéder à un degré supérieur de paix. Ses préoccupations ne lui permettaient pas vraiment de connaître les racines de son inquiétude. Elles n'étaient au fond qu'une protection contre la souffrance d'une vie non vécue. Parfois, ces pensées terre à terre qui nous suivent partout cachent un désespoir profond quant à l'absurdité de la vie, désespoir que nous refusons de voir. L'angoisse qui en résulte ne nous laisse pas en paix. Un homme me racontait qu'il s'en était très bien sorti sans le recours à Dieu pendant quinze ans. Dieu ne lui manquait pas. Mais une inquiétude persistante l'ébranla. Une amie lui dit : « Tu vas finir en hôpital psychiatrique ! » Il ne retrouva le calme que lors d'un séjour dans un monastère où il reconnut que cette angoisse cachait une aspiration à Dieu.

Le plus grand ennemi de la sérénité est le stress que nous nous imposons. Nombreux sont ceux qui voudraient combattre leur inquiétude. Mais ils ne peuvent jamais en venir à bout ainsi. Ils voudraient jouir de la paix mais, quand ils ressentent leur bouillonnement intérieur, ils se mettent en colère et ne peuvent plus se supporter. Souvent, ils renoncent à atteindre le calme. Au lieu de tenter de se débarrasser de leur inquiétude, ils devraient la laisser aller. L'inquiétude resurgit toujours et il faut la laisser venir. Tout ce qui est en nous a droit à l'existence. En lui laissant sa place, nous pouvons nous retirer et l'abandonner là où il est : dans notre tête. Ainsi, notre Moi n'est pas touché. Laissant advenir tout ce qui surgit en nous, nous le relativisons en disant : « Maintenant, je ne m'en occupe plus. » Le calme nous est alors accordé. Le calme absolu, que beaucoup voudraient atteindre d'emblée par des méthodes de méditation, est un degré trop élevé pour nous puisqu'il ne peut nous être donné que dans la mort. Tant que nous vivons, nous subissons constamment l'assaut des pensées et des émotions. En les laissant nous traverser, nous restons calmes malgré tout. Au-delà de la conscience, dans notre cœur, dans notre véritable Moi l'inquiétude n'a pas prise. Elle n'habite que dans notre intellect, dans nos émotions.

Mettre de l'ordre par des rituels

Nous commençons souvent mal notre journée. Nous nous levons à la dernière minute et avalons précipitamment notre petit déjeuner : nous nous préparons une journée stressante et des problèmes superflus. Arrivent ensuite notre conjoint et nos enfants de mauvaise humeur. Personne ne veut être dérangé et la moindre remarque tend l'atmosphère. De cette manière, par des rituels pathologiques, nous entrons dans des tensions et des conflits inutiles. Au contraire, en commençant la journée par un rituel bénéfique — une courte prière par laquelle nous nous plaçons sous la bénédiction de Dieu —, en prenant le temps de savourer le petit déjeuner, nous l'entamons plus calmement, avec une conscience, une satisfaction et une reconnaissance plus grandes. Au bureau, nous n'entreprenons qu'une chose à la fois. Car, même au travail, des rituels peuvent nous aider à combattre le stress. Un directeur de banque ira, par exemple, pendant la pause de midi s'asseoir au calme dans une église. Il appréciera ce moment où il n'a rien à faire, où personne ne l'interpelle et il se réjouira d'être là et uniquement là. Il trouvera ainsi force et vigueur pour le restant de la journée. En ce qui me concerne, après la prière et le repas de midi, j'observe un rituel important : une courte sieste pendant laquelle je laisse aller tout ce qui m'a occupé le matin. Sachant que j'ai à prendre des décisions tout au long de la journée, m'abandonner dans les bras de Dieu, le temps de cette sieste, me fait du bien. Je peux ainsi me relever régénéré pour m'adonner à de nouvelles tâches.

Les rituels marquant la fin de la journée de travail sont décisifs. Nombreux sont ceux qui reviennent à la maison stressés, ce qui est propice à la dispute. L'épouse est heureuse du retour à la maison de son mari mais celui-ci n'est pas vraiment disponible, tout préoccupé qu'il est encore par ses soucis professionnels. Il aimerait trouver la paix, mais la famille exige sa disponibilité. Ses enfants l'attendent, sa femme aimerait lui raconter sa journée, mais lui se renfrogne et n'a pas envie de répondre. Il serait bien qu'un rituel permette de « décrocher » du travail et de laisser derrière soi l'agitation de toute la journée. Il suffit peut-être de s'asseoir quelques minutes avant de quitter le travail, confortablement, et de respirer profondément pour évacuer le stress de la journée. Il est possible aussi, une fois assis dans sa voiture, de ne pas démarrer tout de suite et de se préparer au retour dans la famille. Nous ne pouvons pas passer sans transition de l'agitation au calme. Des rituels de passage peuvent nous y aider.

Les rituels sont importants parce que nous ne pouvons pas toujours être calmes. L'inquiétude est une part de nous-mêmes et les rituels nous aident à la canaliser. C'est le cas pour l'angoisse qui nous saisit dès le matin quand nous vient à l'esprit tout ce qui nous attend dans la journée. C'est aussi le cas pour le stress que nous avons accumulé tout au long d'une journée. Le rituel de transition permet de se décharger de ce stress et de passer du travail au temps libre du soir, à la paix du sabbat. Les rituels constituent aussi des transitions pour les périodes de la vie humaine. L'être humain vit des bouleversements qui s'accompagnent d'angoisse, par exemple lors de la puberté ou à l'occasion de la crise du milieu de vie. Dans ces moments-là, il serait fatal de vouloir considérer à tout prix la paix comme le plus grand des biens. Car l'angoisse, dans ces situations, a sa raison d'être : elle met en mouvement. La paix nous ferait courir le risque de nous figer dans une incapacité à évoluer. Après les phases d'agitation il faudrait des rituels de passage qui permettraient d'avancer dans une plus grande stabilité. Nous pourrions rendre solennels certains anniversaires, par exemple dix-huit, quarante ou cinquante ans. Cette fête pourrait alors être l'occasion de mettre en mots l'angoisse qui nous agite, qui secoue l'ancien pour faire advenir le nouveau. Nous pourrions par exemple offrir un livre qui invite à la paix, un cours de méditation pour avancer sur le chemin spirituel, une jolie pierre qui exprime ce que l'autre nous apporte en même temps que ce que nous lui souhaitons.

Ces rituels traduisent la nécessité de l'intranquillité, car elle est le creuset dans lequel surgit le nouveau. Nous n'avons pas à avoir mauvaise conscience si, pendant quelques années, nous ne savons pas ce que nous désirons vraiment et passons d'une idée à l'autre. L'inquiétude est aussi une part de notre vie. Elle nous pousse à continuer de grandir, à ne pas nous mettre trop tôt au repos, à vivre vraiment. Nous avons aussi besoin de périodes calmes, durant lesquelles les choses peuvent se stabiliser, faute de quoi, sous la domination de l'inquiétude, nous ne trouverions jamais ce que nous cherchons réellement. Parfois, nous avons besoin d'un environnement calme pour que puisse s'exprimer notre angoisse. Le recours à une retraite assez longue peut être l'occasion de nous mettre à l'écoute de nous-mêmes. Il se peut que nous prenions conscience, alors, que ce que nous vivons ne nous convient plus.

Identifier les causes de l'intranquillité

Trop souvent nous nous plaignons de ne pas trouver le calme sans en rechercher les causes. Nous voudrions maîtriser l'intranquillité qui nous agite et la prendre de front. Ce n'est pas ainsi que nous la surmonterons car dans la maîtrise nous sommes tendus. Essayez donc de garder le poing serré et vous verrez ce que signifie vouloir tenir les choses en main. Nous sommes conduits ainsi à nous crisper. Rien ne passe plus et nous ne trouvons pas le repos. Mais nous éprouvons le besoin de *main*tenir les choses de peur qu'elles nous échappent. Cela ressemble pourtant plus à la paralysie qu'au calme. Cette paralysie est, du même coup, une fixation d'angoisse sur ce qui peut, en nous échappant, nous mettre en danger.

Si nous voulons vraiment parvenir au calme, il nous faut questionner cette intranquillité qui n'a pas que des causes externes. Qui n'arrive pas à « décrocher », le soir, de son travail est peut-être trop sûr de son importance. Ou trop perfectionniste puisqu'il se pose sans cesse la question de savoir si ce qu'il a fait est bien fait. Ou trop anxieux puisqu'il se fait souffrir en se demandant si tout le monde est satisfait de lui. Cette angoisse est peut-être aussi dirigée contre Dieu, devant qui il croit n'avoir pas sa place. Pour n'avoir pas à ressentir cette angoisse, il fuit dans l'agitation. Cette fuite le préserve sans doute d'avoir à se poser les vrais problèmes. Tel homme sera stressé parce qu'il a peur de regarder en face la relation qu'il a avec sa femme. Il cache ses problèmes de couple derrière ce stress. Il justifie aussi ce stress en affirmant qu'il est prêt à se sacrifier pour sa famille. En réalité, cette agitation lui est un refuge pour se dérober aux questions désagréables. Aussi devons-nous, pour parvenir au calme, être attentifs à notre angoisse afin de la déchiffrer.

D'aucuns n'arrivent pas à dormir et luttent contre l'insomnie par le biais de médicaments. Ce n'est qu'une solution d'urgence car l'insomnie est liée à l'incapacité à laisser aller les choses. Ils ne savent pas se « laisser aller », s'abandonner, simplement être dans la main de Dieu. Ils craignent de perdre le contrôle d'eux-mêmes et voudraient garder la *main*mise sur leur vie. Mais à vouloir tout contrôler on perd le contrôle de sa vie, de ses nerfs et on se prive de sommeil. À ne pas vouloir se laisser aller au sommeil, on finit par s'écrouler.

Comment réagir face à cette insomnie ? Puisque les problèmes de sommeil expriment une incapacité à se « laisser aller », il serait vain de les combattre. Il vaut mieux tenter de se détendre par le training autogène ou l'eutonie. Non qu'il faille chercher, par ces méthodes, à dormir à tout prix : c'est la détente qui importe. Le sommeil viendra par surcroît. Pour ce qui me concerne, réciter le chapelet m'aide à m'endormir. Cette prière, toute simple, me conduit à m'abandonner au sommeil.

D'autres s'endorment sans problème mais se réveillent au milieu de la nuit sans pouvoir se rendormir. Ils devraient se demander ce que Dieu veut leur dire par là. Leur réveil est peut-être dû à un rêve important qu'ils devraient tenter d'interpréter. Ou bien Dieu leur donne-t-il l'occasion de réfléchir à leur vie puisqu'ils ne prennent pas le temps de le faire durant la journée. Au lieu de se révolter contre cette veille forcée il faudrait la voir comme une chance. Nous pourrions, par exemple, nous lever et lire jusqu'à tomber de sommeil. Nous pourrions prier pour la famille ou des amis et ainsi cette veille prendrait son sens.

L'abandon de soi est lié à la confiance. Nous devrions nous défaire de notre obsession du travail et avoir confiance en l'aide de Dieu. Nous inquiéter, par exemple, du bon placement de notre argent et du cours du dollar ne peut que troubler notre sommeil et reste inutile puisque nous ne pouvons rien y changer. Ceux qui ont des responsabilités, qui ont à prendre des décisions engageant beaucoup de monde, peuvent s'interroger longtemps pour savoir s'ils ont pris les bonnes décisions. Ce questionnement leur paraît justifié. Ils s'inquiètent pour ceux qu'ils engagent mais, par pur souci des autres, ils peuvent en arriver à négliger le souci d'eux-mêmes et leur tranquillité. Il nous faut bien sûr réfléchir longuement avant de prendre des décisions mais, une fois qu'elles sont prises, nous devons nous en remettre à Dieu. Dieu fera peut-être que des décisions, pas forcément les meilleures, s'avéreront bénéfiques. Ce n'est qu'en s'abandonnant à Dieu que l'on trouvera le sommeil.

La cause de l'intranquillité et de l'insomnie peut encore être plus profonde. L'angoisse nous oblige à regarder en face des problèmes non réglés. Elle peut être aussi l'expression de désirs refoulés ou de blessures non cicatrisées. Il a pu nous arriver de faire l'impasse sur beaucoup de choses, dans le passé, qui nous rattrapent aujourd'hui. Certains n'entrevoient pas la cause de leurs troubles. Et même pour leur accompagnateur spirituel elle n'est pas facile à deviner. Il est alors nécessaire pour eux de « dialoguer » avec leur intranquillité : « Que veux-tu nous dire ? Où nous entraînes-tu ? Sur quoi veux-tu attirer notre attention ? » Alors remontent parfois à la surface des images, des souvenirs d'enfance qui nous remplissent de colère ou de tristesse. Je me souviens d'un homme qui n'avait jamais pris conscience qu'il n'avait fait jusqu'alors que s'adapter, qu'il avait tout fait pour être un garçon bien. En lui, quelque chose se rebellait tout à coup contre ce rôle auquel il s'était trop habitué. Sans pouvoir encore le formuler précisément, il sentait au fond de cette intranquillité qu'il aurait voulu être quelqu'un d'autre. Cette intranquillité l'invitait à passer sa vie au crible et à affronter ses problèmes non réglés : il ne pouvait donc que lui en être reconnaissant.

L'intranquillité indique parfois que la situation dans laquelle nous vivons devrait être changée. Sans comprendre exactement ce qui nous agite, à y regarder de plus près nous découvrons en fin de compte que notre métier ne nous convient pas, que nous devrions changer d'entreprise ou, au moins, changer de poste dans cette entreprise. Peut-être aussi notre situation familiale ne peut-elle plus durer ainsi : il nous faudrait enfin aborder nos difficultés de couple ou celles que nous rencontrons avec nos enfants. Nous avons vraisemblablement évité de regarder les problèmes en face pendant des années. Mais l'intranquillité nous contraint maintenant à regarder la vérité en face. Quelqu'un découvrira par exemple qu'il a rivalisé avec ses frères tout au long de son enfance. Constamment sous la pression de devoir faire mieux qu'eux, il ne connaissait pas de répit. Ce n'est qu'en prenant conscience et en acceptant la rivalité qui l'a toujours animé qu'il pourra la relativiser.

L'intranquillité véhicule une énergie. Ce serait donc une erreur de vouloir la contrôler fermement. Il faut d'abord chercher où elle veut nous conduire. Elle nous indique que notre vie n'est pas encore ce qu'elle devrait être, que nous ne sommes pas en accord avec l'image singulière que Dieu s'est faite de nous. Nous nous sommes efforcés d'enfiler un corset trop étroit pour nous. L'intranquillité nous pousse à faire éclater ce corset et à nous mettre sur la voie de la liberté. Au lieu de contrer l'intranquillité, nous devons donc utiliser l'énergie qui est en elle. Elle passera alors d'elle-même, elle aura rempli sa tâche en nous ayant aiguillés vers de nouveaux chemins. Nous n'avons plus besoin d'elle. Nous devons examiner de près l'intranquillité pour savoir si elle est salutaire, si elle nous fait avancer sur le chemin du devenir humain et de la métamorphose. Ou si elle nous rend incapables d'être dans l'instant, si elle nous empêche de voir ce qui nous serait nécessaire : cette inquiétude-là ne fait que nous déchirer et ne mène à rien.

L'intranquillité peut exprimer une insatisfaction sur tous les plans. Ce manque de désir, les moines l'appelaient *akedia*, « acédie ». Nous ne comprenons pas, alors, vers quoi nous pousse cette inquiétude, elle est plutôt le signe d'un déchirement intérieur. Au fond, nous nous révoltons contre notre vie, notre histoire, notre nature. Et nous nous rebellons contre Dieu. Nous nous accrochons à nos illusions qui sont, bien souvent, d'infantiles rêves de grandeur. L'angoisse finit par nous contraindre à abandonner ces illusions, à nous accepter enfin et à dire oui à la vie telle qu'elle est. Oui à ce monde qui est naturellement imparfait et finalement oui à Dieu qui ne nous suit pas dans nos représentations erronées, qui est tout autre et que nous avons, bien souvent, du mal à concevoir.

Certains ressentent l'intranquillité au moment même où ils s'assoient pour méditer ou prier. Déçus, ils abandonnent alors leur méditation ou tentent de se contraindre au calme. L'inquiétude ne fait alors que croître et leur cause des maux de tête. Là encore, l'inquiétude est une invitation à placer devant Dieu des choses qui ne sont pas forcément agréables. Plutôt que s'obstiner à une piété immédiate, il vaudrait mieux entendre en nous l'homme de peu de foi, notre réticence à la piété, notre déception et notre rébellion contre Dieu, notre côté

« a-thée ». Nous n'avons peut-être pas encore trouvé la voie spirituelle qui nous convient. Il se peut que nous ayons choisi la méditation simplement sur la recommandation de quelqu'un et en pensant qu'elle serait le remède à tous nos maux. Il vaudrait mieux rechercher ce qui, dans notre enfance, nous aidait à nous sentir bien et à être en accord avec nous-mêmes car c'était aussi une expérience spirituelle. Nous sommes en accord avec nous-mêmes quand nous faisons un avec Dieu. Je rencontre régulièrement, dans mon expérience d'accompagnement spirituel, des personnes qui tentent de s'approprier des méthodes reprises à d'autres. Ils sont alors obligés de lutter sans cesse contre leurs propres résistances. Je leur conseille toujours de suivre leur propre voie spirituelle. Si leur intranquillité, lorsqu'ils veulent méditer, dure, c'est qu'ils n'ont pas encore trouvé cette voie. Nous devons prendre nos résistances au sérieux. Elles sont le signe qu'il nous faudrait être plus conséquents, ne pas nous fier à nos humeurs mais à notre voix intérieure. Elles peuvent montrer aussi que nous contrarions notre être le plus profond. Il nous reste alors à découvrir la voie spirituelle qui nous conduit à la vie en Dieu.

Prêter attention

Nous pouvons passer de l'intranquillité au calme en concentrant à chaque instant notre attention sur ce qui est. Nous ne luttons pas alors contre notre inquiétude mais nous la vivons en toute conscience. Nous prêtons attention à ce qui se déroule en nous lorsque nous sommes inquiets. Ce regard attentionné transforme déjà notre inquiétude. Nous la laissons advenir sans la combattre : elle est là sans nous dominer. Nous lui donnons le droit d'exister mais elle n'a plus la première place. Le point d'où nous regardons notre inquiétude n'est plus contaminé par elle. Nous nous lions d'amitié avec elle et cela l'amadoue bien mieux que si nous la combattions violemment. Nous devons observer comment cette inquiétude se traduit dans nos pensées et dans notre corps, comment elle croît, se renforce puis s'atténue. Ainsi, nous arrivons à rester calmes au milieu de la tempête.

Le mot « attention » vient du latin *attentio*, dérivé de *attendere* qui veut dire « tendre son esprit vers »[37]. Dans l'attention, nous agissons de façon réfléchie, consciente, nous sommes tout à ce que nous faisons, nous agissons tous sens éveillés. Corps et esprit sont convoqués au même titre dans l'action. Être attentif signifie que nous sommes présents à chaque instant. Nous percevons alors le secret de l'instant, du temps, de la vie. Nous sommes en toute conscience à ce que nous faisons, que nous tenions un outil, un stylo ou une clé dans la main. Nous sommes dans nos sens, dans notre corps. Nous percevons ce qui bouge en nous sans craindre d'y reconnaître un signe de maladie. Nous marchons en étant tout à notre marche, conscients de nos mouvements, de nos muscles et de notre peau. Naturellement, il nous est difficile d'être conscients à tout instant. Ce serait trop nous demander. Mais c'est un bon exercice que de vivre chaque jour quelques instants dans cette attentive conscience. L'attention pourrait alors devenir un rituel : par exemple sortir de chez soi en humant l'air, marcher en sentant le vent et le soleil, en jouissant de chaque pas.

Mais cette attention ne doit pas devenir une nouvelle performance. Par elle, nous réalisons combien nous sommes si souvent inattentifs. Pourtant, ne nous jugeons pas ! Percevoir sans juger conduit au calme. La cause de notre intranquillité provient souvent du jugement que nous portons sur tout ce que nous faisons. La plupart du temps, nous ne nous sentons pas à la hauteur de nos attentes. Insatisfaits de nous-mêmes et du monde, une inquiétude diffuse naît en nous alors que nous pourrions laisser les choses telles qu'elles sont, sans nous sentir obligés de les changer, puisqu'elles se transformeraient d'elles-mêmes. Si nous ne contrarions pas notre inattention, elle se transforme en attention sans que nous soyons contraints d'employer une méthode compliquée. Percevant dans le plus grand calme notre inquiétude, nous sentons beaucoup de choses bouger en nous mais le Moi qui ressent tout cela n'est lui-même pas dans l'inquiétude. Il est l'observateur extérieur, le Soi spirituel dont parle la psychologie transpersonnelle. Il reste en paix même si l'âme est ballottée par les remous, même si l'environnement est encore agité.

Une autre façon d'être attentif est le recueillement, la concentration. Dans le recueillement, nous rassemblons ce qui est différent et dispersé. Nous faisons un avec nous-mêmes et avec tout ce que nous accomplissons. Nous ne nous laissons pas distraire par les activités les plus variées. En allemand *Sammlung* (collection, concentration, recueillement) contient la racine *sam* que l'on retrouve dans *Achtsamkeit* (attention) comme dans *Behutsamkeit* (précaution). Celui qui prête attention est précautionneux, il étend son souci à tout ce qu'il fait, il veille sur, il est tout éveil. La racine *sam* a donné *Sammlung*, *zusammen* (ensemble) et *sanft* (doux). Être doux, c'est savoir être ensemble avec les hommes et les choses dans la paix. Ainsi, le recueillement nous arrache à la dispersion, au divertissement, à l'agitation et nous conduit à un agir rassemblé *(gesammelt)*, attentif *(achtsam)* et doux *(sanft)*. Celui qui est « ensemble » *(zusammen)* avec ce qu'il touche, s'en sert avec « douceur » *(sanft)*. Qui est « ensemble » avec lui-même, avec ses désirs les plus divers, ses passions et ses émotions, est « doux » avec lui-même et vit en paix avec ses propres contradictions. Qui est auprès de celui qu'il rencontre ne peut pas être dur ou grossier, qui est « ensemble » avec l'autre l'aborde de manière « douce ».

Jeûner et faire silence

Le jeûne est une des voies concrètes qui conduisent au calme. Il revient aujourd'hui en considération. Jeûner pendant une semaine, par exemple, conduit nos mouvements à se ralentir. Nous ne supportons plus le stress qui nous donne le « vertige » (*schwindel*, qui veut dire aussi « escroquerie, tromperie ») mais nous pouvons travailler beaucoup et bien. Nous nous « trompons » *(beschwindeln)* nous-mêmes. Au début du jeûne, nous sommes pourtant confrontés à des pensées nombreuses et des sentiments divers que la colère et la déception nous ont fait refouler. Nous prenons alors conscience de la manière dont nous les réprimons habituellement en mangeant. Les aliments nous servent à colmater les brèches par où surgissent ces pensées et sentiments négatifs, incapables que nous sommes de nous regarder. Résister à la faim interrompt ce mécanisme archaïque. Le jeûne invite à chercher d'autres voies, à calmer notre véritable faim. Dans ma pratique, je lie toujours le jeûne au silence car il a une signification religieuse. Il m'ouvre, dans le calme, à Dieu et à mon âme.

L'expression « calmer sa faim » dit bien ce mécanisme qui nous est familier, évoqué plus haut. Normalement, nous « calmons » notre faim en mangeant. La mère « calme » son nourrisson en lui donnant le sein[38]. Le jeûne « calme » notre faim d'une autre manière. Il nous apaise en allant jusqu'au bout de notre faim, en nous montrant qu'elle est, au bout du compte, le désir d'aimer et d'être aimé, le désir d'accomplissement et de plénitude. Quand la mère apaise l'enfant en l'allaitant, ce n'est pas seulement la nourriture qui calme sa faim mais aussi l'attention aimante qu'elle lui porte. Dans le jeûne, nous renonçons à la satiété, nous nous tournons avec amour vers notre aspiration profonde. Et celle-ci nous conduit à dépasser ce monde. Elle s'adresse, en fait, à Dieu qui, seul, peut apaiser notre faim.

Lors des complies du mercredi, les moines chantent le Psaume 62, 2 : « En Dieu seul le repos pour mon âme, de lui mon salut. » Nous n'arrivons au repos que lorsque notre cœur se tourne complètement vers Dieu et que Dieu lui-même apaise notre faim d'amour et de présence, de paix et de plénitude. Nous n'arrivons pas, en mangeant, à être rassasiés pour toujours. Le Psaume 131 évoque un homme pieux en prière : « Je tiens mon âme en paix et silence, comme un petit enfant contre sa mère » (Psaume 131, 2). Cet orant a sans doute fait l'expérience que Dieu pouvait le calmer à la manière de la mère qui apaise son enfant en l'allaitant. L'amour de Dieu peut apaiser la faim la plus grande et nous amener au véritable repos. Lorsque nous considérons notre faim dans toute son ampleur, lorsque nous cessons de l'apaiser provisoirement, de la « colmater » pour ne plus la ressentir, alors nous découvrons en nous un lieu de paix, un lieu où règne le calme absolu parce que Dieu lui-même apaise cette immense nostalgie. Pour atteindre ce lieu, il faut se poser sans cesse cette question : « Quelle est mon aspiration la plus profonde ? » Dans le jeûne, nous laissons remonter à la surface nos désirs et nous nous demandons à quoi nous aspirons. Mais il faut encore passer au crible nos réponses pour vérifier laquelle correspond vraiment à notre désir le plus profond. Alors nous nous apercevons que ce désir, seul Dieu peut le combler. Tournant notre cœur vers Dieu, nous trouvons alors la paix dans laquelle notre faim est apaisée.

Rendre la vie plus simple

Notre agitation vient souvent du fait que nous voulons faire trop de choses à la fois et que nous sommes entourés de trop d'objets. Ursula Nuber donnait, il y a quelque temps dans le magazine *Psychologie heute* (« Psychologie aujourd'hui »), des « trucs » pour nous aider à faire le vide dans notre vie. Elle estimait que beaucoup des choses que nous gardons, que ce soit à la maison ou au bureau, nous sont rarement utiles. Elles constituent des poids que nous traînons derrière nous. Nous achetons tel ou tel appareil électroménager en pensant qu'il nous est utile et finalement nous ne l'employons que deux ou trois fois. Tout ce que nous avons ainsi « rassemblé » *(ansammeln)* ne nous permet pas de nous « recueillir » *(sammeln)*, mais nous encombre encore plus. Pour atteindre le calme, il faudrait donc nous débarrasser de tout ce dont nous n'avons pas réellement besoin, afin d'avoir suffisamment d'espace pour vivre et de pouvoir jouir du calme. Le trop-plein n'invite pas au repos. La présence des objets devient contraignante en nous poussant à leur trouver une utilité pour n'avoir pas l'impression de les avoir achetés en vain. Ils nous invitent à l'activité là où nous pourrions jouir du temps libre qui nous est offert.

Beaucoup de livres paraissent aujourd'hui sur ce thème : rendre la vie plus simple. C'est ce que l'on appelait, autrefois, ascèse. Dans l'ascèse, il faut se limiter et renoncer. Le renoncement suppose un Moi fort. Qui a un Moi faible a besoin de beaucoup d'objets pour combler son vide intérieur. Il croit qu'il peut atteindre le calme en possédant. Mais un besoin en éveille un autre. Se limiter n'est pas seulement la marque d'un Moi fort mais contribue aussi à le renforcer. En renonçant à ce que tous les autres possèdent, je découvre toujours plus ma propre identité. Que je n'aie plus besoin de tout cela augmente le sentiment que j'ai de moi. Je suis recentré sur moi-même et non absorbé par les objets qui auraient dû satisfaire mes besoins. Plus je me rapproche de moi et plus je trouve la paix.

Trouver le repos en Dieu

La Bible nous promet que nous trouverons le repos en Jésus-Christ et que Dieu nous introduira dans le repos du sabbat, la tradition monastique nous dit que seul Dieu peut métamorphoser l'inquiétude en paix : cela correspond aussi à ce que peuvent expérimenter beaucoup de personnes aujourd'hui. Qui emprunte le chemin spirituel apprend qu'il se détache des rets du stress. Il le voit alors comme s'il était sur une autre planète. Qui trouve son centre en Dieu apprend que le monde n'a plus de pouvoir sur lui. Il entend le message libérateur de l'évangile de Jean selon lequel nous sommes, certes, dans ce monde mais pas de ce monde, selon lequel Christ nous offre la vie éternelle, une vie sur laquelle ce monde n'a pas prise. Nous ne pouvons pas maîtriser, maintenir notre intranquillité, mais si nous croyons que nous sommes ancrés en Dieu et non dans le monde, nous nous soustrayons à elle. Nous pouvons l'observer depuis un lieu extérieur au monde, à partir de Dieu avec lequel nous ne faisons plus qu'un dans la foi.

L'évangile de Jean reflète cette expérience du calme au milieu de l'agitation. Dans la première partie, Jésus ne cesse de s'expliquer avec ses adversaires. Tous les problèmes et toute l'agitation du monde l'atteignent de plein fouet. Mais au treizième chapitre, le ton de l'évangile change. Jésus est seul avec ses disciples, il lave leurs pieds et leur parle. Les adieux de Jésus sont remplis d'une paix profonde qui vient de l'au-delà. Parce qu'il voit tout à partir de son Père qu'il rejoindra dans la mort, même sa Passion et sa crucifixion perdent leur caractère tragique. Jésus traverse sa Passion calme et souverain. Le trouble de la foule ne le touche pas. Ce qui se passe là est d'une tout autre importance : c'est la révélation de Dieu au cœur de notre monde déchiré.

Au cœur même de la Passion, Jésus fait un avec son Père. Cette union l'arrache à l'agitation du monde. Jésus, dans la prière qui précède sa Passion, demande cette unité pour ses disciples. Ceux qui croient en lui doivent faire un avec lui comme lui fait un avec le Père, être « parfaits dans l'unité » (voir Jean 17, 23). En grec *tétéléioménoï* (parfaits) vient de *télos* (le but, la totalité, l'achèvement). Ce mot est également employé dans la langue des mystères et signifie alors l'initiation au mystère de Dieu. Jésus demande donc que ses disciples soient initiés au mystère de l'unité, au mystère de Dieu. Dieu est l'Un en soi. Il est un avec son Fils descendu sur terre, il relie en lui le ciel et la terre, Dieu et l'homme, la lumière et l'obscurité. Ainsi, nous devons aussi rassembler en nous le ciel et la terre, le noyau divin et la chair humaine, l'esprit et la matière, la hauteur et la profondeur.

Pour les Grecs, le déchirement constituait la tragédie de l'être humain. Écartelé entre ciel et terre, entre divinité et humanité, entre masculin et féminin, l'homme grec aspirait à l'unité. Il voulait retrouver l'union originelle. À cette aspiration, Jésus répond. Quand l'homme est devenu un, comme Jésus avec son Père, il reflète la magnificence de Dieu dans le monde. Faire l'expérience de Dieu signifie donc éprouver sa propre unité. Cette unité est la *doxa*, la forme par laquelle Dieu s'est manifesté dans le monde. Elle est aussi la condition de la paix véritable. Quand les contradictions ne s'affrontent plus en nous, quand l'*animus* et l'*anima* ne font plus qu'un, nous sommes, en notre âme, profondément tranquilles.

Dans la Passion, Jésus nous indique une voie pour garder le calme au milieu des turbulences de la vie, au moment même où nous sommes agressés, incompris et blessés. Aucune épreuve ne nous atteint si nous avons réunifié notre nature divine et notre nature humaine. Les blessures, les diffamations, les moqueries ne peuvent aucunement nous arracher à cette union avec Dieu. Les mots que Jésus prononce devant Pilate valent aussi pour nous : « Mon royaume n'est pas de ce monde » (Jean 18, 36). Dans cet espace où seul Dieu habite et règne, nous sommes invulnérables et souverains. De la paix et de l'union avec Dieu, personne ne peut nous chasser.

Dans sa prière, Jésus nous montre comment atteindre la véritable unité : « Père, ceux que tu m'as donnés, je veux que là où je suis, eux aussi soient avec moi » (Jean 17, 24). C'est dans la prière que nous sommes près du Christ. De la prière de Jésus, l'Église d'Orient a fait un moyen pour s'imprégner toujours plus de l'esprit du Christ. Pour elle, cette prière résume tout l'Évangile. Elle lie l'Esprit au Christ et, par le Christ, ouvre à l'union avec le Père. En ce qui me concerne, j'ai fait, depuis une trentaine d'années, de la prière de Jésus une voie de méditation. Elle m'accompagne non seulement lors de ma méditation matinale mais aussi tout au long de la journée. La prière de Jésus me met, toujours et partout, en relation avec moi-même. Elle me fait ressentir l'unité avec Dieu au cœur de l'agitation quotidienne. Lorsque, à l'inspiration, je prononce les mots : « Seigneur Jésus » et, à l'expiration : « Fils de Dieu, aie pitié de moi ! », je suis là où est le Christ. Je ressens alors Christ descendre jusqu'au tréfonds de mon âme, y compris dans les recoins que je lui interdis. Le Christ habite ainsi toutes les « pièces » de mon corps et de mon âme.

J'éprouve une paix profonde, je suis en accord avec tout ce qui est, uni au Christ et aux hommes, je réconcilie les contradictions en moi. Je ne suis plus ballotté d'un côté à l'autre, je suis tout à fait là, dans l'instant en Dieu.

Quand nous ne faisons plus qu'un avec Dieu, quand nous trouvons en Dieu notre source, l'agitation qui nous environne ne nous touche pas. Certes, nous la percevons, mais elle n'atteint plus le lieu intérieur habité de Dieu. Plus Dieu emplit notre cœur et moins l'agitation peut s'y répandre. La rencontre avec Dieu s'accompagne toujours d'une profonde paix intérieure. En Dieu, les turbulences de notre âme s'apaisent, nos contradictions se résolvent. En Dieu est le véritable repos, celui du sabbat qu'il nous a promis. Pour Nicolas de Flüe « la paix est toujours en Dieu car Dieu est la paix, et la paix ne peut pas être détruite alors que la discorde peut l'être ».

Tout chemin qui nous rapproche de la communion avec Dieu nous rapproche de la paix. Pour l'un ce sera la méditation, pour un autre l'eucharistie, pour un troisième une promenade. Les chemins sont nombreux qui peuvent nous conduire à l'union avec Dieu. Ce ne sont pas de simples techniques qui peuvent nous aider à surmonter notre inquiétude : les chemins qui mènent vraiment à la paix passent par l'expérience de notre propre vérité, par la rencontre avec Dieu. En fin de compte c'est le chemin de la prière et de la méditation qui, après un détour par notre propre vérité, nous conduit jusqu'à Dieu et nous offre, en Dieu, une part de la paix divine.

La paix comme accomplissement du temps

Le temps et l'éternité font un quand l'opposition entre Dieu et l'homme, entre le ciel et la terre disparaît. Nous entrons alors dans la paix du sabbat divin. Cette paix véritable nous fait toucher à l'éternité. Augustin, déjà, l'évoque quand il pense à la paix du huitième jour, celui de la résurrection. Le huitième jour est celui où nous participons à la paix éternelle du sabbat divin :

> Car cette paix éternelle continue le huitième jour et ne s'arrête pas avec lui, faute de quoi elle ne serait pas éternelle. Pour cette raison, le huitième jour se confond avec le premier et ainsi la vie originelle ne s'avère pas passée mais revêtue du sceau de l'éternité[39].

Huit est le chiffre de l'éternité, le huitième jour est le jour qui ne connaît pas de soir. Les fonts baptismaux étaient octogonaux parce que, par le baptême, nous sommes plongés dans la vie éternelle de Dieu. Le huitième jour est aussi, pour Augustin, celui où coïncident le temps et l'éternité. Toute son aspiration tend à avoir part à l'éternité au cœur du temps.

> Mais dans ce monde, les jours passent, les uns vont, les autres viennent, aucun ne reste. Même les instants pendant lesquels nous parlons se succèdent les uns les autres, la première syllabe disparaît afin que puisse résonner la seconde. Depuis le moment où nous avons commencé à parler, nous sommes devenus un peu plus vieux et sans doute suis-je maintenant plus vieux que ce matin. Ainsi, rien ne reste stable, rien ne reste ancré dans le temps. Pour cela nous devons aimer Celui par qui les temps sont advenus afin d'être libérés du temps et ancrés dans l'éternité, là où le temps n'est plus instable[40].

Augustin aspire à la paix dans laquelle, au cœur même du temps, l'éternité est déjà présente, dans laquelle temps et éternité coïncident.

Temps et éternité coïncident dans l'instant. Lorsque nous sommes tout à l'instant, le temps s'arrête. Chacun a déjà ressenti la fascination exercée par un coucher de soleil : alors, il oublie que le temps passe. Lorsque nous sommes absorbés par un événement, nous oublions le temps et nous ne sommes plus que pur instant, pur présent. Nous avons alors l'intuition du repos éternel auquel nous participons déjà. Tous les mystiques parlent de ce pur présent dans lequel ils font l'expérience de Dieu. Pour Maître Eckhart, l'homme, dans l'union avec Dieu, dépasse tout temps et participe déjà à l'éternité : « Le but [est de trouver le lieu] où l'esprit persiste dans le repos, relié à la chère éternité. » Eckhart parle ici de la plénitude du temps. Dans le commentaire de l'épître aux Galates (4, 4) : « Mais quand vint la plénitude du temps, Dieu envoya son Fils, né d'une femme, né sujet de la Loi », il écrit :

> Quand y a-t-il plénitude du temps ? — Quand il n'y a plus de temps. Quand on a, dans le temps, mis son cœur dans l'éternité, quand toutes les choses temporelles sont mortes en nous, c'est la plénitude du temps[41].

Cette expérience, dans laquelle temps et éternité coïncident, nous pouvons la faire lorsque nous sommes absorbés par la contemplation d'une fleur, d'un paysage, d'un tableau. Quand nous sommes tout entiers regard, il n'y a plus de différence entre celui qui regarde et l'objet regardé. Alors le temps s'arrête. Nous pouvons aussi pressentir une telle paix lorsque nous entendons une longue phrase de Bach ou de Mozart, lorsque nous sommes tout ouïe et que rien ne peut nous distraire, lorsque nous sommes absorbés par l'écoute. Cela peut nous arriver, parfois, lorsque nous lisons. Plongés dans notre lecture, quelque chose nous touche et nous ne pouvons plus continuer à lire. Le paradoxe vient de ce que la coïncidence entre temps et éternité passe par les sens. L'expérience de l'esprit nous est donnée par la matière, celle de l'infini par l'espace et celle de l'éternité par le temps. Quand nous sommes tout à notre méditation, nous sommes aussi tout à fait présents et éprouvons la paix absolue. Abandonnés au soleil, nous sentons sa chaleur nous pénétrer et, si nous sommes tout à fait concentrés sur notre peau, l'agitation de l'esprit cesse. L'esprit se laisse absorber par les sens et parvient, en eux, au repos. Ainsi, nous éprouvons l'unité : l'esprit et les sens ne font qu'un, au même titre que le temps et l'éternité.

Pour moi, l'écoute est une expérience importante. Dans les années soixante-dix, j'étais souvent à Rütte, chez Karlfried Graf Dürckheim. Lorsque je l'écoutais parler, tout en moi devenait calme. Au bout de quelques conférences, je pouvais deviner ce qu'il allait dire. Mais là n'était pas l'important, car de sa parole émanait quelque chose qui me pacifiait. Les pensées qui s'agitaient en moi se taisaient, je n'étais plus dans le jugement et la réflexion mais dans l'écoute. Cela m'arrive parfois lorsque j'entends un passage de la Bible. S'il est bien lu, si le lecteur est complètement dans le mot qu'il lit, je peux me laisser absorber totalement par l'écoute. Je ne me rappelle plus, ensuite, ce que j'ai entendu, mais les mots m'ont apaisé. Ils m'ont mis en relation avec le fond de mon cœur, dans lequel tout est calme et où Dieu habite. Les mots me conduisent au mystère de Dieu, au-delà des mots. Ils donnent accès au repos éternel du sabbat divin.

La paix comme interruption du temps

Le théologien Johann Baptist Metz a donné la définition la plus courte qui soit de la religion : une interruption (du temps). Le repos sabbatique de Dieu interrompt le travail de l'homme, la prière suspend de façon salutaire le stress quotidien. Nul ne peut vivre toujours et partout dans le calme intérieur. Un conflit nous accapare, quelqu'un nous contrarie, et aussitôt le mécanisme par lequel nous nous blessons nous-mêmes se met en branle. Nous retournons dans notre esprit les paroles blessantes, nous nous tourmentons en nous reprochant de n'avoir pas su mieux réagir. Les résolutions que nous avions prises pour garder notre paix intérieure ne nous sont plus d'aucune aide. Et lorsque nous nous mettons à prier devant Dieu, nous suspendons le processus qui nous conduit de la vexation subie à celle que nous nous infligeons nous-mêmes. Dans la prière, nous nous retirons momentanément de tout ce qui nous accapare, nous l'envisageons à partir de Dieu. Par cette saine distance, nous nous libérons des troubles et des soucis. La prière nous ramène au calme au cœur même de l'intranquillité. La prière quotidienne nous garantit que nous ne nous laisserons pas happer par le stress plus de huit heures et nous offre des balises pour prendre du recul afin d'ancrer à nouveau notre vie en Dieu et l'apaiser.

L'interruption salutaire de la religion se révèle, plus encore que dans la prière, dans la fête. Celle-ci est l'incursion de l'éternité dans le temps. Elle est suspension du travail, du profit, du calcul. Elle se situe hors du temps. Elle nous arrache à tout ce que la vie a de fonctionnel et au traintrain quotidien. La fête se caractérise par la « facilité » et la « légèreté ». Josef Piper dit que nous sommes devenus incapables de célébrer vraiment les fêtes parce que nous ne voyons plus le lien entre fête, culte et repos. « Célébrer une fête signifie exprimer son accord complet au monde d'une manière exceptionnelle[42]. » Si nous disons oui à ce monde, si nous l'envisageons comme création divine et si nous louons Dieu pour cela, alors nous pouvons célébrer une fête qui, suspendant le quotidien, nous donne de participer au Vrai. Platon pensait que les dieux avaient eu pitié des hommes, leur accordant pour soulager leur peine « le retour des jours de culte fériés et comme compagnons de fête les Muses ainsi que les dieux Apollon et Dionysos ». Si cet accord au monde n'est pas donné, si ce oui à la vie n'est pas prononcé — comme Dieu l'attend de nous — alors ces fêtes artificielles, ces « pseudo-fêtes » selon Piper, ne sont qu'« une forme encore plus exténuante du travail ».

« Fête » vient du latin *festum*. Les adjectifs *festus* et *festivus* signifient « festif, solennel », mais aussi « agréable, charmant ». Un *dies festus*, jour de fête, se distingue des *feriae*, jours consacrés au repos. Le jour de fête se caractérise par une organisation précise du temps, par la célébration d'un culte, par un repas solennel, par des jeux et de la musique. La fête correspond à une suspension du quotidien, à un surcroît de vie parce que Dieu lui-même fait irruption dans notre vie. La fête nous relie à l'origine et anticipe, en même temps, le futur. Nous fêtons le repos du sabbat éternel de Dieu. Ce repos du sabbat n'est pas l'inactivité mais la jouissance du monde ; il est célébration de notre vie qui devient digne d'être vécue puisqu'elle est transformée et sauvée par Dieu. Parce que nous avons part, dans la fête, à la réalité de Dieu, elle nous accorde un repos et une récréation autrement plus grands que l'activisme des loisirs. Selon Clément d'Alexandrie, puisque la vie est une fête perpétuelle, nous n'avons pas besoin de jours de fête. Si nous avons conscience de vivre chaque jour dans la proximité bienfaitrice et aimante de Dieu et d'agir par sa grâce, nous sommes alors dans la main de Dieu et nous pouvons célébrer notre travail comme une fête de la création. Le travail n'est plus une charge mais un plaisir, une fête célébrée avec Dieu. Notre vie quotidienne n'est alors plus dominée par le stress mais par la paix.

La fête, voie de la paix, célèbre toujours l'action de Dieu en nous. Elle consiste donc en une louange à Dieu, dans laquelle le cœur de l'homme trouve la sérénité. Nous cherchons à résoudre nos problèmes, spirituellement ou psychologiquement, nous voudrions surmonter notre peur, nos états dépressifs mais ce n'est pas par la maîtrise que nous parvenons à la paix. La volonté de maîtriser, de « prendre en main », engendre à son tour la peur de perdre le contrôle. Il ne faut donc pas chercher à *main*tenir nos peurs et nos dépressions, nos passions et nos émotions mais à nous réconcilier avec elles et à en faire, en les dépassant, le support d'une louange à Dieu. C'est la révélation que Henri Nouwen eut de son séjour chez les trappistes. Il avait pensé, au départ, pouvoir se défaire de ses problèmes en trouvant la paix dans une abbaye. Mais bientôt, son état dépressif reprit le dessus. Il reconnut alors qu'« un monastère n'est pas édifié pour résoudre les problèmes, mais pour louer le Seigneur malgré eux[43] ». Si nous louons Dieu au cœur même des aléas de notre vie, des conflits non résolus, nous échappons à leur emprise et nous trouvons le calme et la détente. La fête est l'expression de cette détente au sein d'un monde où tant de problèmes sont en attente de solutions. Si nous attendions que tous ces problèmes soient résolus, nous ne pourrions jamais célébrer de fêtes. Nous resterions enfermés dans le cercle vicieux des conflits. La fête est donc une suspension salutaire. Mais nous n'éprouvons la sérénité que procure la fête que si nous laissons Dieu s'introduire dans notre vie en le louant en tant que Créateur. Si nous célébrons en toute conscience les fêtes comme des interruptions bénéfiques, nous pourrons dire avec Clément d'Alexandrie que notre vie est une fête perpétuelle.

CONCLUSION

À l'ombre de son arbre

L'HOMME n'aspire aujourd'hui à rien d'autre qu'à la paix, tant autour de lui qu'en lui. Il souffre, dans cette époque agitée, du bruit qui l'entoure comme du stress qui le harcèle. Mais il souffre aussi, en dépit de son aspiration profonde au calme, de son incapacité à le trouver véritablement. Les rares instants qu'il s'accorde pour se couper de l'agitation extérieure ne le conduisent pourtant pas au calme mais le confrontent au « bruit » de sa vie intérieure : pensées, soucis, angoisse, culpabilité, déception d'avoir une vie différente de celle dont il avait rêvé. Aussi fuit-il ces instants de calme, finalement désagréables, pour se laisser abasourdir à nouveau par le bruit qui lui parvient de partout. Il s'échappe dans l'activité pour éviter d'affronter une vérité qui le dérange.

Nous avons montré dans les pages qui précèdent qu'il nous faut affronter notre propre vérité si nous voulons accéder à la sérénité. Ce chemin est extrêmement exigeant, il nous éloigne de nous-mêmes et de nos soucis pour aboutir en Dieu. L'expression de saint Augustin selon laquelle le cœur ne trouve le repos qu'en Dieu n'est pas que parole pieuse mais correspond au vécu le plus profond. Nous ne pouvons, par nos propres moyens, calmer notre cœur intranquille. Nous ne pouvons atténuer nos propres angoisses et notre sentiment de culpabilité, nous ne pouvons échapper à notre ombre. Il nous faut l'ombrage d'un arbre pour nous reposer sans craindre notre propre ombre. Nous avons besoin de Dieu auprès duquel nous nous sentons à l'abri. Nous avons besoin de son amour grâce auquel nous nous sentons acceptés sans condition puisque nous avons le droit d'être tels que nous sommes avec nos angoisses et nos tourments. Devant Dieu, nous pouvons nous montrer tels que nous sommes et, ainsi, cesser de nous fuir de façon mortifère. Installés à l'ombre de son arbre, nous pouvons accéder à la véritable sérénité, à ce repos auquel nous aspirons tous tellement.

Notes

1. Tchouang-tseu (Zhuangzi), *Œuvre complète*, traduction de Liou Kia-hway, Paris, Gallimard-UNESCO, 1969, p. 254. L'auteur de cet ouvrage fondamental du taoïsme a vécu à la fin du IVe siècle avant notre ère.

2. Le mot « sabbat » vient de l'hébreu *chabbat*, dont la racine évoque l'idée de « cesser » *[N.d.T.]*.

3. Évagre : moine et théologien grec, originaire de la province du Pont (en Asie). Il a eu par ses œuvres, notamment *Le Moine*, une importance considérable sur la spiritualité monastique chrétienne *[N.d.T.]*.

4. Jean Cassien : après avoir vécu dans un monastère de Bethléem, il passa dix années, avec Germain, à rencontrer les moines d'Égypte. Autour de 415, une fois devenu prêtre, il fonda à Marseille deux monastères.

5. Benoît : né à Nursie ; après des études à Rome il fonda plusieurs communautés monastiques à Subiaco avant de se retirer sur le mont Cassin où il fonda un célèbre monastère. Par sa *Règle*, il exerça une influence considérable sur le développement de la vie monastique dans l'Occident médiéval *[N.d.T.]*.

6. Voir Pierre Adnès, « Hésychasme », dans *Dictionnaire de spiritualité*, Paris, Beauchesne, t. VII, 1969, 381-399.

7. Les citations bibliques sont extraites de *La Bible de Jérusalem*, traduite sous la direction de l'École biblique de Jérusalem, Paris, Éditions du Cerf, 1998.

8. Notons que le verbe français « haïr » vient, lui aussi, du moyen haut allemand *hazzen*, qui a donné *hassen* en allemand moderne et *to hate* en anglais. Voir *Le Robert. Dictionnaire historique de la langue française*, sous la direction d'Alain Rey *[N.d.T.]*.

9. Pascal Bruckner, *La Tentation de l'innocence*, Paris, Éditions Grasset, 1995, p. 61.

10. *Ibid.*, p. 61.

11. Cité par Pascal Bruckner, *ibid.*, p. 62.

12. *Id.*

13. Selon *Le Robert. Dictionnaire historique de la langue française*, « inflation » vient du latin *inflatio* qui veut dire « enflure, gonflement, inflammation » *[N.d.T.]*.

14. En allemand, l'adjectif *hektisch* est couramment employé pour désigner une situation stressante. Il vient du grec *hektikos* (continu) et caractérise, à l'origine, une fièvre prolongée comportant d'importantes oscillations de température. Son pendant français, « hectique », est resté, lui, cantonné au domaine médical (fièvre hectique) *[N.d.T.]*.

15. L'ennéagramme, qui vient du grec *ennea* : neuf, et *grammos* : points, est un modèle de la structure de la personnalité humaine comportant neuf styles différents d'expression, neuf types distincts *[N.d.T.]*.

16. En allemand, le mot *Sucht* indique une dépendance douloureuse. On l'emploie dans les mots composés tels que *Drogensucht* (dépendance aux drogues), *Alkoholsucht* (alcoolisme) mais aussi *Sehnsucht* (aspiration, nostalgie). L'auteur emploie ici le mot *Sucht* pour bien signifier que ces « dépendances » s'inscrivent dans une « aspiration » fondamentale *[N.d.T.]*.

17. Augustinus K. Wucherer-Huldenfeld, « Maskierte Depression und "Trägheit" in der

klassischen Achtlasterlehre. Zur Aktualität und Frühgeschichte christlicher Spiritualität und "Psycho-Therapie" », in : *Ev. Theol.* IV, 1997, 338-363.

18. Martin Heidegger, *Être et Temps*, traduction de François Vézin, Paris, Gallimard, 1986, § 36, p. 220.

19. Voir Paul Tillich, *Le Courage d'être*, traduction de Jean-Pierre LeMay, Montréal-Paris-Genève, PUL-Cerf-Labor et Fides, 1999, et notamment le chapitre VI *[N.d.T.]*.

20. On pourra se reporter notamment à *Fonctionnaires de Dieu*, traduction de Francis Piquerez, Eugène Weber et Jean-Pierre Bagot, Paris, Albin Michel, 1993 *[N.d.T.]*.

21. Voir Martin Heidegger, *Être et Temps*, *op. cit.*, p. 247-248.

22. Le messalianisme (mot qui vient du syriaque *messalein*, « ceux qui prient ») était un mouvement religieux répandu en Syrie et en Asie Mineure, à partir de la Mésopotamie, à la fin du IVe siècle. Pour les messaliens, seule la prière conduisait au salut. Ils en tiraient une morale qui se traduisait souvent par un indifférentisme *[N.d.T.]*.

23. Voir Ulrich Lutz, *Das Evangelium nach Matthäus*, Zurich, 1985 et 1990.

24. Philon (entre 13 et 29 av. e.c.-50 e.c.) : philosophe juif d'Alexandrie qui tenta de montrer une complémentarité entre la pensée biblique et la philosophie grecque ; il eut une forte influence sur les Pères de l'Église, notamment Clément d'Alexandrie (vers 150-vers 215), pour qui la philosophie a préparé la voie au christianisme, et Origène (vers 185-vers 252), dont l'œuvre considérable eut une large influence sur la patristique *[N.d.T.]*.

25. P. Wilpert, « Ataraxie », dans *RAC*, I, 844-854.

26. *Paroles des Anciens. Apophtegmes des Pères du désert*, traduction et présentation de Jean-

Claude Guy, Paris, Éditions du Seuil, 1976, p. 78.

27. Jean Cassien, *Conférences*, traduction de E. Pichery, Paris, Éditions du Cerf, t. III, 1959, p. 24 (extraits dans les *Collations de Jean Cassien*, présenté par J.-Y. Leloup, Paris, Albin Michel, coll. « Spiritualités vivantes », n° 102).

28. *Ibid.*, p. 28.

29. *Ibid.*, p. 32.

30. *Paroles des Anciens. Apophtegmes des Pères du désert*, *op. cit.*, p. 106.

31. Blaise Pascal, *Pensées*, édition de Philippe Sellier, Paris, Mercure de France, 1976, § 168 : « Divertissement ».

32. Évagre, « Chapitres sur la prière », traduction L. Regnault et J. Touraille, dans : *Philo calie des Pères neptiques*, Paris, Desclée de Brouwer-J.-C. Lattès, 1995, tome I, p. 101.

33. *Règle de saint Benoît*, texte établi par Jean Neufville, traduction de Adalbert de Vogüé, Paris, Éditions du Cerf, 1972, tome I, p. 419 et 425.

34. *Ibid.*, p. 561.

35. En allemand, soupçon se dit *Argwohn* ou *Verdacht*. *Arg* veut dire « mauvais, méchant » ; *wohn* vient de *wan* qui signifie « avis, espoir, soupçon ». Ce mot évoque donc la méfiance *[N.d.T.]*.

36. Augustin, *Confessions*, traduction de Louis de Mondadon, Paris, Pierre Horay-Seuil, 1982, p. 31-32.

37. En allemand, *Achtsamkeit* (attention) vient de *Acht* qui signifie « attention, observation, respect, soin » et du gothique *ahjan*, « penser, réfléchir » *[N.d.T.]*.

38. L'allemand est ici beaucoup plus explicite puisque le verbe *stillen* vient de *still*, « calme », et a, depuis le XVIe siècle, le sens d'allaiter *[N.d.T.]*.

39. Augustin, *Confessions*, *op. cit.*

40. *Ibid.*

41. Maître Eckhart, *Traités et Sermons*, traduction de Alain de Libera, Paris, GF-Flammarion, 1993, sermon n° 11, p. 289-290.

42. Josef Piper, *Tradition als Herausforderung* [« La tradition comme défi »], Munich, 1963.

43. Henri Nouwen, *Un étranger au paradis*, traduction de Marie Tadié, Paris, Desclée de Brouwer, 1978, p. 221.

Table

Du même auteur
chez le même éditeur

PETIT TRAITÉ
DE SPIRITUALITÉ AU QUOTIDIEN

PETITE MÉDITATION
SUR LES FÊTES DE NOËL

CHACUN CHERCHE SON ANGE

PETIT MANUEL
DE LA GUÉRISON INTÉRIEURE

La composition de cet ouvrage
a été réalisée par Nord Compo
à Villeneuve-d'Ascq,
l'impression et le brochage ont été effectués
sur presse Cameron dans les ateliers
de ***Bussière Camedan Imprimeries***
à Saint-Amand-Montrond (Cher),
pour le compte des Éditions Albin Michel.

Achevé d'imprimer en janvier 2002.
N° d'édition : 20468. N° d'impression : 020165/1.
Dépôt légal : février 2002.